L'EMPREINTE IMPLANTÉE

Du Même Auteur

L'Empreinte Implantée

Editions ABATOS, 2022

La Réalité des Apparences

Autoédition, 2025

Autoédition

Dépôt légal : avril 2026

ISBN : 978-2-9598460-2-1

2nd Édition

www.lasymphoniedelesprit.fr

lasymphoniedelesprit@gmail.com

www.facebook.com/lasymphoniedelesprit

L'EMPREINTE IMPLANTÉE

Identifier, Comprendre Et Se Libérer Des Implants Énergétiques

Par

Didier THIZY

Préface

Il y a des ouvrages qui ne se contentent pas d'informer, mais qui invitent à regarder autrement ce qui semble invisible ou inaccessible. Ce livre appartient à cette catégorie.

En abordant la question des implants énergétiques, Didier Thizy a choisi d'explorer un domaine peu connu, à la croisée de la spiritualité, de l'expérience intérieure et de l'observation de mécanismes subtils qui influencent l'être humain. Ce sujet, souvent controversé, exige à la fois une ouverture d'esprit, tout en gardant un sens critique.

Loin d'imposer une vérité absolue, cet ouvrage propose une grille de compréhension. Il s'appuie sur des sources variées, des enseignements issus de différentes traditions, mais aussi sur un cheminement personnel fait d'expérimentations, de remises en question et d'intégration progressive. Cette approche confère au texte une dimension en résonance avec la complexité du sujet traité.

Ce livre s'adresse avant tout à celles et ceux qui ressentent qu'une part de leur réalité leur échappe. À ceux qui perçoivent des blocages, des schémas répétitifs ou des limitations qu'ils ne parviennent pas toujours à expliquer.

Mais il s'adresse aussi aux thérapeutes, aux praticiens, et plus largement à toute personne engagée dans une démarche de compréhension de soi et d'évolution intérieure.

La force de ce livre réside dans sa capacité à mettre des mots sur des ressentis diffus, à structurer des perceptions souvent fragmentaires, et à proposer des pistes de réflexion sans jamais enfermer le lecteur dans une interprétation unique. Il invite chacun à exercer son libre arbitre, à écouter son intuition, et à avancer à son propre rythme.

Car au-delà du thème des implants, c'est bien la question de la souveraineté de l'être qui est posée. Jusqu'à quel point sommes-nous libres ? Quelles influences, visibles ou invisibles, orientent nos pensées, nos émotions, nos choix ? Et surtout, comment retrouver notre axe intérieur, notre clarté et notre autonomie ?

Ce livre ne donne pas seulement des réponses, il ouvre un espace de questionnement, parfois inconfortable, mais toujours nécessaire. Il propose une exploration qui ne demande pas d'adhérer, mais de ressentir, d'observer et de discerner.

À travers ces pages, le lecteur est invité à redevenir acteur de son chemin, à porter un regard nouveau sur lui-même et sur le monde, et peut-être, à franchir une étape supplémentaire dans la compréhension de ce qu'il est profondément.

Luc Bodin

www.luc-bodin.com

Avant-propos

Ce recueil s'efforce d'aborder de manière approfondie le sujet des dispositifs de prise de contrôle d'une personne par l'intermédiaire d'implants, principalement énergétiques. Les données présentées sont issues de sources variées, regroupées, croisées et commentées à la lumière de mon expérience et de mon cheminement personnel.

Cet ouvrage s'adresse avant tout aux thérapeutes énergétiques, ainsi qu'aux personnes sensibles aux approches spirituelles et ésotériques, désireuses de mieux comprendre les mécanismes subtils à l'œuvre derrière certaines limitations physiques, émotionnelles, ou existentielles.

Certaines lectures et transmissions ont nourri cette réflexion au fil des années. Parmi elles, les travaux d'Allan Kardec, fondateur de la doctrine spirite ; ceux de Marie-Lise Labonté sur les mémoires de l'âme ; ceux du Dr Luc Bodin autour des soins énergétiques, du nettoyage et de la protection des personnes et des lieux ; ou encore les écrits de Laurence Aguillon concernant les vies passées et les structures énergétiques. Toutes ont constitué des repères importants dans mon cheminement.

J'y ajoute l'influence de nombreux praticiens et autres chercheurs que j'ai eu la chance de rencontrer, dont certains m'ont initié à des techniques de soins, et d'autres à des dimensions spirituelles que je ne connaissais pas encore.

Ce livre est le fruit de ces apports, mais aussi d'un travail de synthèse, de discernement et d'intégration personnelle. Il ne prétend pas détenir une vérité absolue, mais proposer une lecture structurée, accessible et évolutive d'un sujet complexe, invitant chacun à exercer son libre arbitre, son intuition et son sens critique.

Sommaire

Introduction

Si vous avez ce livre entre les mains, ce n'est pas un hasard. Cette réédition est l'occasion d'intégrer mon retour d'expérience depuis la première édition. Entre-temps, j'ai expérimenté, questionné, écouté, lu et affiné ma pratique, afin de proposer une version plus aboutie, plus nuancée et plus alignée avec ce que l'expérience m'a réellement enseigné, dans le respect du libre arbitre et de la souveraineté de chacun.

J'aborde ici le sujet des implants et leurs conséquences sur les êtres énergétiques que nous sommes. Au fil des pages, vous découvrirez par qui, pourquoi, quand et comment ces implants ont été placés dans nos différents corps énergétiques. Vous ne vous sentez pas bien, comme bloqué dans votre évolution sociale, professionnelle ou spirituelle ? Vous trouverez des réponses dans ce recueil.

Vous apprendrez à reconnaître leur présence, à en comprendre la raison d'être et l'origine, puis, si vous vous en sentez prêt, à vous en libérer. Prendre conscience de l'existence de ces implants dans nos corps énergétiques suffit souvent à affaiblir, voire à dissoudre, les moins résistants d'entre eux.

Je pratique les soins énergétiques, et pour qu'ils soient pleinement efficaces, il est essentiel que le consultant soit préalablement libéré de tous ses implants. J'ai pu rencontrer plusieurs cas, certains très difficiles, comme l'extraction d'implants noirs, et d'autres plus simples, tels que le dégagement d'implants Extraterrestres.

Toutes ces informations vous permettront de conscientiser leur existence et de mieux percevoir leurs répercussions, tant physiques que énergétiques.

Avec ces connaissances, vous comprendrez certains des maux qui affectent les êtres humains que nous sommes.

Lorsque votre compréhension du sujet sera achevée, vous ne souhaiterez peut-être plus rester implanté(e) ; vous pourrez alors vous diriger en toute confiance vers un thérapeute qui saura vous accompagner. Car, si nous pouvons parfois dégager nous-mêmes certains implants, il est souvent préférable de faire appel à un tiers.

Pour bien saisir le processus d'implantation, gardez l'esprit ouvert et n'hésitez pas à relire ces pages plusieurs fois

PARTIE I : Les Implants

« Nous sommes dans une vision extrêmement voilée de la réalité. »

Stéphane Allix,

L'empreinte implantée

Un implant est un dispositif placé dans notre être pour entraver notre développement spirituel.

Les implants sont présents pour nous faire oublier d'où nous venons, qui nous sommes vraiment, pourquoi nous avons choisi cette incarnation, ce que nous sommes venus y accomplir, comment sortir du karma, et bien d'autres choses encore.

Ils peuvent également altérer certains aspects de notre personnalité afin de limiter nos capacités et d'empêcher notre accès à la véritable compréhension de ce monde.

Rien ne se produisant par hasard, nous recevons des implants lorsqu'une faiblesse énergétique, émotionnelle, mentale ou karmique présente en nous leur ouvre une porte.

Ces implants peuvent provenir de nombreuses sources : la magie, les entités, le karma, les vies antérieures, la religion, les médias, ou plus largement tout ce à quoi nous donnons notre consentement et qui sert certaines forces sombres.

L'extraction des implants est possible à l'aide d'un protocole de dégagement adapté. Toutefois, dans certains cas, une intention profonde et consciente suffit à amorcer le processus de libération.

© La Symphonie de l'Esprit, Les Implant Énergétiques.

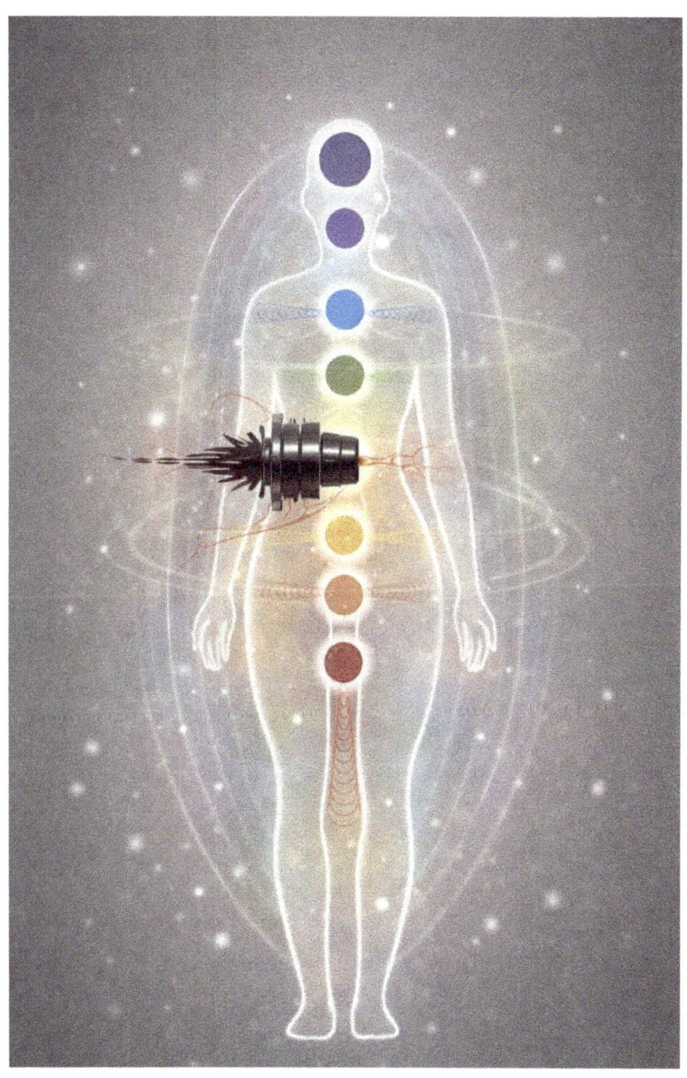

Chapitre Un : Définition D'Un Implant

Un implant est un corps étranger introduit dans le corps humain. Il peut être dense (physique, matériel et visible à l'œil nu) ou éthéré (énergétique, issu d'une autre dimension et donc invisible à l'œil nu) :

- Dans le monde physique, l'implant terrestre, placé dans le corps, a généralement un but thérapeutique. Certains sont émetteurs-récepteurs ; ils peuvent transmettre des informations sur une personne (localisation, état de santé, etc.) et en recevoir de l'extérieur.

- Dans les mondes Extraterrestres, un implant est posé sciemment par des êtres intelligents venus d'ailleurs.

- Dans le monde énergétique, un implant est un dispositif placé par les forces obscures dans nos différents corps énergétiques afin d'entraver notre développement spirituel.

- Il existe toutefois des implants énergétiques positifs, que nous avons parfois nous-mêmes installés pour nous protéger mais c'est plus rare.

Chapitre Deux : Pourquoi Les Implants Existent-ils ?

La présence d'implants à des objectifs variables selon leur nature. Voici quelques exemples non exhaustifs :

- Bloquer les connexions pour empêcher le développement spirituel.
- Surveiller : observer, écouter, capter les échanges ou les perceptions de nos différents sens.
- Manipuler : induire des pensées erronées, des voix intérieures ou des illusions visuelles et auditives.
- Perturber le corps physique : créer des déséquilibres ou des maladies.

Chapitre Trois : Caractéristiques

Les implants présentent des caractéristiques aussi diverses que variées, allant du simple implant médical connu à des dispositifs invisibles, énergétiques et bien plus élaborés.

Ils peuvent se loger dans nos différents corps énergétiques, mais aussi dans le corps physique : dans le sang, un organe, le cerveau, le cervelet, les cellules ou encore l'ADN.

Voici quelques caractéristiques :

- Taille : d'un grain de riz à une véritable armure.
- Plaques fixées sur : les oreilles, la mâchoire, le nez, le cœur, les poumons, etc.
- Boîtiers énergétiques : pouvant remplacer ou perturber des organes.
- Tuyaux : servant au brouillage des fréquences ou à l'aspiration d'énergie dans les chakras situés le long de la colonne vertébrale, de la bouche, du nez, du ventre, des oreilles ou du troisième œil.

- Tiges : placées dans le cerveau pour bloquer certaines fonctions, ou au niveau des articulations, du bassin, du cœur, afin d'en altérer le bon fonctionnement.

- Traceurs : permettant un suivi ou une surveillance.

- Portails ou portes dimensionnelles / temporelles : situés dans le dos ou sur le ventre, utilisés pour des déplacements cosmiques ou vers sa famille d'origine stellaire.

Cette liste n'est pas exhaustive. On peut également trouver des cages métalliques, des dispositifs de détournement, des chaînes, des moyens d'observation, des balises ou encore des émetteurs-récepteurs.

Certains thérapeutes dotés d'une sensibilité médiumnique olfactive décrivent parfois la présence d'un implant par une odeur acide et métallique, accompagnée d'un goût de javel légèrement métallisé.

Les implants sont souvent fixés sur un chakra, mais on les retrouve aussi dans le canal central, les organes, le corps éthérique et le corps mental. Ils se fixent en fonction de nos expériences de vie mal digérées, non intégrées ou non acceptées, et génèrent alors des informations faussées et limitantes dans notre incarnation.

L'implant s'accroche à nos énergies car il est attiré et maintenu par une croyance cellulaire inconsciente que nous portons sans en avoir conscience. Cette croyance agit comme un aimant ; elle nourrit l'implant et en retour, celui-ci entretient un programme distordu, perverti et erroné, actif malgré nous, jusqu'à ce que la prise de conscience ait lieu.

Cette croyance cellulaire peut être à l'opposé de nos croyances mentales, ce qui explique qu'elle agisse à notre insu, générant blocages et souffrances.

Les implants sont reliés à nos énergies, qui nous suivent de vie en vie. C'est pourquoi il est essentiel d'identifier la croyance limitante et le karma à l'origine de leur présence.

Ils peuvent agir de façon obsessionnelle, émotionnelle ou physique, mais toujours de manière insidieuse.

Chapitre Quatre : Comment Agissent Les Implants ?

Les implants terrestres sont implantés chirurgicalement avec notre consentement.

Il existe cependant d'autres catégories d'implants, introduits dès notre incarnation par des formes de vie n'appartenant pas à notre monde, ou encore au cours de notre vie terrestre.

Ces implants très évolués fonctionnent à l'aide d'intelligences artificielles ou de programmes de limitation. Ils entravent notre évolution et assurent souvent une surveillance énergétique constante.

D'autres implants trouvent leur origine dans un choc émotionnel, une intention (consciente ou non), un acte de magie noire ou une malédiction, rencontrés dans cette vie ou dans l'une de nos vies antérieures.

Chapitre Cinq : Les Symptômes De Présence

La présence d'implants dans notre corps physique ou nos corps énergétiques peut provoquer de nombreux symptômes.

Certains peuvent rappeler la présence d'entités, d'autres se manifester par des changements d'humeur soudains, de la colère inexpliquée ou un sentiment de lourdeur intérieure.

Voici quelques symptômes caractéristiques :

- Avoir la sensation de ne pas être vous-même.
- Constater une baisse d'énergie persistante, quel que soit le repos, le sommeil ou l'alimentation.
- Ressentir des pensées ou des émotions négatives récurrentes.
- Avoir l'impression de vous saboter dès qu'un changement positif s'annonce.
- Être incapable d'abandonner une dépendance.

- Souffrir de symptômes chroniques que la médecine ne parvient pas à diagnostiquer.

- Ressentir une peur d'avancer dans la vie.

- Manquer de compassion, de compréhension ou d'acceptation envers vous-même et les autres.

- Être constamment dans le jugement, que ce soit envers vous, autrui ou les situations.

- Être sujet à des maladies fréquentes.

- Présenter une hypersensibilité aux pensées et émotions des autres, ainsi qu'aux stimuli électromagnétiques.

- Avoir de nombreuses pensées négatives envers les gens ou les situations, sans raison apparente.

- Être incapable de libérer certaines blessures profondes ou jugements.

- Vous sentir déconnecté de la nature.

- Être incertain du but de votre vie.

- Vous sentir faible ou non protégé face aux attaques psychiques.

Pour résumer

Vous l'aurez compris, les implants peuvent prendre de multiples formes et engendrer une grande variété de troubles.

Dans la partie suivante, nous aborderons les différentes catégories et natures d'implants, afin de mieux les reconnaître et de comprendre leurs modes d'action.

Les implants obéissent à des logiques précises et s'inscrivent dans au cœur de mécanismes structurés. Pour approfondir cette compréhension, il devient maintenant nécessaire d'explorer leurs différentes typologies et les dispositifs par lesquels ils agissent.

PARTIE II : Typologies Et Dispositifs D'Implants

« La matière est le fruit de l'esprit. »

Philippe Solal,

Cette partie propose une première classification des implants, en distinguant leurs familles, leurs dispositifs et les structures subtiles ou conscientes qui les soutiennent.

En bloquant une énergie, une capacité ou un souvenir, en créant une douleur paralysante, ou encore en extrayant un de vos dons, certains êtres prennent le contrôle de votre être. Sans ces implants, vous pourriez retrouver votre plein pouvoir et activer des facultés bien supérieures aux leurs.

Vous comprenez aisément à présent le véritable objectif de ces dispositifs ; entraver votre évolution et empêcher votre lumière de rayonner. Sans eux, vous seriez pleinement conscients de leur influence, capables de les percevoir et de les dissoudre par la puissance de votre amour et de votre vibration.

C'est pourquoi ils cherchent à vous maintenir dans la souffrance, la peur, la colère ou les conflits. Tant que votre attention est absorbée par vos émotions ou vos préoccupations, vous ne vous occupez pas d'eux et ils continuent d'agir dans l'ombre.

Les implants fonctionnent comme des forces de freinage naturelles. De la même manière qu'une résistance ralentit la vitesse d'un véhicule, ils s'opposent à l'élan de votre progression spirituelle.

Certains êtres ayant choisi la voie de l'ombre et du bas astral, utilisent ces dispositifs comme instruments de pouvoir, de contrôle et d'enfermement des consciences. Leur champ d'action s'exerce principalement dans la densité de la 3D, là où la lumière peine encore à se diffuser pleinement.

Chapitre Six : Les Familles D'Implants

Concernant le corps humain, il existe plusieurs familles d'implants technologiques actifs dans les corps éthériques, dans le champ aurique, et sur l'enveloppe énergétique de chaque être incarné.

Ces technologies éthérées sont placées de façon stratégique pour contrôler le processus de la pensée, orienter les décisions, ou parfois même abréger le séjour en incarnation par la maladie (comprendre : la mort prématurée).

Elles visent également à influencer les émotions humaines, en nourrissant la peur, la colère, le stress, l'inquiétude ou le doute.

Pour cela, elles utilisent les dispositifs implantés dans vos corps, mais peuvent aussi agir à travers une personne de votre entourage, elle-même implantée. L'objectif est alors de limiter l'expression de l'énergie d'amour car lorsqu'elle devient trop puissante, elle se transforme en une force libératrice. Ces technologies maintiennent la léthargie de l'individualité, empêchent la libre expression de l'amour-lumière dans les relations, et altèrent la perception du libre arbitre (qui, dans ce cas précis, n'existe plus).

Ainsi, l'interaction avec les autres devient complexe, source de tensions et de négativité, là où elle devrait être une source naturelle de joie et d'amour. Nous apprenons à craindre l'autre, à redouter ce qu'il pourrait nous faire, tout en ressentant, sans toujours le comprendre, qu'il nous manque cet amour primordial dont nous gardons la mémoire cellulaire et que nous cherchons sans cesse à retrouver.

Toutes les parties du corps peuvent être affectées par ces implantations technologiques qui influencent le bien-être, la prise de décision, la communication et les relations affectives, parfois jusqu'à impacter nos proches.

Ces dispositifs s'implantent en utilisant toute brèche énergétique disponible, et ont pour fonction de limiter la connexion à l'amour-lumière du spectre aurique. Ils peuvent aussi bloquer la connexion à la Source Divine, à la Terre, ou retarder certaines communications interdimensionnelles.

Les Implants Personnels

L'implant personnel est relié à l'histoire de l'âme et à ses vies antérieures. Il s'attache à notre être à partir de situations ayant généré des croyances erronées, perçues ensuite comme des vérités.

Quelques exemples de croyances inconscientes :

« L'argent est maudit », « on se sert toujours de moi », « l'homme est mauvais », « la colère me maintient en vie », « il n'y a ni beauté ni lumière nulle part ».

Lorsque nous libérons la croyance cellulaire, l'implant perd son point d'ancrage et peut alors être dissous.

Les Implants Transgénérationnels

À l'image des mémoires familiales, ces implants se transmettent de génération en génération.

Ils sont liés à des traumatismes ancestraux et à des croyances cellulaires issues de lignées énergétiques non résolues.

Les Implants Collectifs

La limitation de notre puissance ne nous appartient pas toujours. Certains implants sont collectifs, programmés pour l'ensemble de l'humanité.

Chaque être humain les reçoit dès son incarnation, jusqu'à ce qu'il en prenne conscience et s'en libère.

Ces programmes, inscrits dans notre corps éthérique, nos chakras ou nos organes, agissent à notre insu. Ils conditionnent nos comportements, abaissent notre fréquence vibratoire et nous maintiennent dans les schémas limitants de la matrice terrestre 3D.

Ces schémas stagnent dans l'inconscient, génèrent des pensées, des émotions ou des attitudes automatiques, sans être remis en question par notre mental ou notre conscience incarnée.

Il existe également des implants d'asservissement, de maltraitance, d'autodestruction, antéchristiques ou encore d'archanges déchus, contenant des programmes de limitation, d'abandon, de dualité, de soumission ou encore de séparation.

Ces différents implants ont pour objectif de nous maintenir dans l'oubli de notre nature divine, et de restreindre l'expression de notre souveraineté spirituelle.

Chapitre Sept : Les Dispositifs

Quelle que soit leur nature, tous les implants répondent à un objectif précis.

Ils constituent des outils de contrôle subtils, mis en place pour influencer, détourner ou freiner l'expression du potentiel divin de l'être incarné.

Ces dispositifs agissent sur plusieurs plans, à la fois, physique, émotionnel, mental, spirituel, et se manifestent souvent de manière insidieuse.

Ils sont utilisés pour :

- Vous manipuler par l'induction de pensées négatives, de colères soudaines, de peurs inexplicables qui ne vous appartiennent pas. Ces influences cherchent à altérer votre discernement et à troubler votre paix intérieure.

- Vous enfermer dans des structures énergétiques qui limitent votre perception de la réalité. Ces « boîtes » éthériques peuvent se manifester autour de la tête, plongeant la conscience dans l'obscurité ou la confusion. D'autres prennent la forme de filtres sensoriels, de lunettes occultantes, de dispositifs auriculaires destinés à brouiller vos perceptions subtiles et à fausser votre rapport au monde.

- Vous faire souffrir physiquement avec des douleurs persistantes, des tensions dans le dos ou les jambes, des blocages articulaires ou musculaires... Ces manifestations ont souvent pour objectif d'entraver votre mouvement, d'empêcher l'expansion de vos capacités extrasensorielles, et de détourner votre attention vers la souffrance plutôt que vers la lumière.

- Vous atteindre psychiquement, car le mal-être, la tristesse, la colère ou la peur sont des fréquences denses dont certains êtres se nourrissent. Entretenir ces vibrations leur permet de se maintenir dans votre champ énergétique et de continuer à se nourrir de vos émanations émotionnelles.

Les Implants De Conflits De Dualité

Ces implants trouvent leur origine dans d'anciennes luttes galactiques, sur des plans tels qu'Orion, Sirius, Maldek, Arcturus ou encore les Pléiades. Ils portent la mémoire de ces affrontements et maintiennent en l'être une polarité intérieure, un tiraillement constant entre lumière et ombre, entre expansion et résistance.

Leur dissolution permet à l'âme de retrouver l'unité perdue, et de transcender les schémas de conflit qui se rejouent encore aujourd'hui dans la conscience humaine.

Les Implants De L'Histoire De La Terre

Ancrés dans la mémoire collective, ces implants remontent aux civilisations de la Lémurie et de l'Atlantide.

Ils comportent des codes de limitation auto-imposée, des entraves magiques, des structures cristallines en 3D, et des programmations de fréquence associées au code 666.

Leur influence agit encore sur notre rapport au pouvoir, à la connaissance et à l'usage de l'énergie.

Les libérer, c'est restaurer la mémoire originelle de la pureté des anciens mondes et reconnecter à la sagesse première.

Les Implants Vivants

Ces implants, aussi appelés parasites mentaux ou émotionnels, se logent dans les corps subtils. Ils se nourrissent des fluctuations émotionnelles et mentales, entretenant la confusion, la peur ou la fatigue spirituelle.

Leur présence peut être à l'origine de nombreux déséquilibres énergétiques et, dans certains cas, de maladies physiques d'origine spirituelle.

Les reconnaître et les transmuter permet de restaurer la circulation harmonieuse de l'énergie vitale, afin de libérer l'âme de tout asservissement invisible.

Chapitre Huit : Les Dispositifs Et Armes Spirituelles

Les dispositifs et armes spirituelles représentent une forme d'armement psychique, perceptible dans le champ d'énergie comme une arme subtile, parfois d'apparence exotique, parfois plus familière. Ces formes peuvent être la rémanence de traumatismes issus d'autres vies, où l'âme a connu la blessure, voire la mort, par une arme spécifique. La mémoire de cette atteinte reste alors implantée dans la structure énergétique du corps actuel, créant parfois une douleur, une tension ou une gêne persistante.

D'autres dispositifs proviennent d'émissions vibratoires dirigées par autrui ; comme les pensées, les jalousies, les rancunes ou les attaques psychiques, conscientes ou non. Ces énergies peuvent s'ancrer dans les couches subtiles et générer des douleurs chroniques, un mal-être diffus ou un sentiment d'oppression.

Les reconnaître permet d'en libérer la charge émotionnelle et de restaurer l'intégrité de votre champ lumineux.

Chapitre Neuf : Les Entités

Les entités sont des consciences désincarnées, des esprits sans corps physique qui entretiennent un lien plus ou moins ancien avec vous.

Elles peuvent provenir de votre vie actuelle ou d'incarnations passées, mais aussi s'être attachées à vous par affinité vibratoire ou résonance émotionnelle.

Certaines sont issues du passé d'autres âmes, croisées sur votre chemin, et cherchent à revivre à travers vous une expérience inachevée.

Par essence, une entité est une énergie sans matière, capable de circuler entre différents plans d'existence.

Elle peut être d'origine Terrestre, mais aussi, Intraterrestre, Extraterrestre ou Interdimensionnelle.

Ces présences, lorsqu'elles ne sont pas éclairées par la conscience, peuvent influencer les pensées, les émotions ou même le comportement, jusqu'à ce qu'elles soient reconnues et guidées vers la lumière.

Chapitre Dix : Les Formes De Pensées

Dans le cadre de la désimplantation, les formes-pensées correspondent à des créations énergétiques issues de pensées négatives, de malédictions, de sorts ou de projections mentales conscientes ou inconscientes.

Elles peuvent se condenser en véritables égrégores, sortes de nuages vibratoires qui se placent au-dessus de votre champ énergétique, agissant comme un brouillard dense.

Ce brouillard perturbe la clarté mentale, altère la mémoire, favorise la malchance, la confusion et le sentiment de désorientation.

Ces structures se nourrissent de la résonance qu'elles trouvent en vous ; jusqu'à ce que vous les reconnaissiez, les dissolviez par la lumière, et repreniez souverainement votre espace intérieur.

Pour résumer

Il existe donc plusieurs catégories de dispositifs et d'implants négatifs, chacun en lien direct avec des problématiques concrètes et parfois très anciennes.

Dans la partie suivante, nous aborderons plus précisément les différentes catégories et natures d'implants énergétiques, afin de mieux comprendre leurs effets et les processus de libération possibles.

L'exploration de ces familles et autres dispositifs met en lumière une réalité essentielle ; leur action dépasse largement le cadre du corps physique. La suite de cet ouvrage se concentre sur la compréhension fine des implants énergétiques et des mécanismes par lesquels ils influencent durablement la conscience incarnée.

PARTIE III : Les Implants Énergétiques

« Nous avons plein de couches, de croyances, de mémoires, de circuits qui nous éloignent de notre véritable identité. »

Luc Bodin,

Cette partie se concentre sur les implants énergétiques à proprement parler. Elle en détaille les catégories, les modes d'ancrage et les effets sur la conscience, afin de mieux comprendre leur rôle dans les déséquilibres intérieurs et les limitations de l'être que nous sommes.

Pour bien comprendre ce qu'est un implant énergétique, il faut d'abord savoir ce qu'est un implant.

- Mieux les identifier.
- Mieux les comprendre.
- Pour mieux s'en libérer.
- Toute personne qui n'a jamais procédé à l'élimination de ses implants en porte nécessairement encore.

Les implants et autres dispositifs de limitation spirituelle sont des barrières vibratoires placées sur le chemin de l'ascension. Ils freinent la progression vers la pleine puissance individuelle en bloquant le passage, en plaçant des œillères, ou encore en créant des réalités factices dans la conscience.

Ces distorsions limitent l'accès au Moi supérieur, comme dans le cas de la « boîte » autour de la tête qui diffuse de fausses images et informations pour maintenir la docilité.

Ces mécanismes de contrôle émanent de forces obscures extérieures, et maintiennent l'être dans une réalité de dualité ; le bien et le mal, le juste et l'injuste, le bon et le mauvais…

Les implants réduisent la clarté intérieure. Ils agissent comme des filtres dans le canal de communication entre vous, votre Âme et votre Moi supérieur.

Ils se comportent comme des lignes téléphoniques parasitées, reliant votre champ de conscience à des vibrations du plan astral, plus basses que les fréquences christiques, et qui sont souvent à l'origine de désinformations ou de perceptions faussées.

Tant que des implants subsistent, ainsi que les accords ou programmes qui y sont liés, vous demeurez exposé à ces interférences et à leurs distorsions énergétiques.

Il existe plusieurs sortes d'implants, selon leurs buts et leurs causes, mais tous agissent à un niveau inconscient.

Ils fonctionnent comme des canalisations déversant une énergie dense dans votre vie, entretenant des liens karmiques, des schémas de limitation et des associations énergétiques qu'il devient essentiel de guérir.

Chapitre Onze : Les Catégories D'Implants Énergétiques

Il existe cinq grandes catégories d'implants énergétiques, qui se distinguent par leur mode d'acquisition :

1. Les implants karmiques.
2. Les implants transférés par notre entourage.
3. Les implants issus d'un parasitage émotionnel.
4. Les implants liés à une prise de pouvoir.
5. Les implants issus d'une manipulation mentale.

Chaque être humain porte des implants appartenant à plusieurs de ces catégories. Ils diffèrent selon leur emplacement et leur mode d'action, mais tous ont pour effet d'altérer la circulation naturelle de l'énergie.

Exemples :

- Des entités qui se nourrissent directement de l'énergie vitale du corps.
- Des parasites énergétiques plus discrets mais tout aussi affaiblissants.
- Des implants logés dans le corps physique ou dans les cellules.
- Des manipulations mentales et formes de vampirisme énergétique agissant au niveau cellulaire.
- Des implants auriculaires ou sensoriels qui modifient la perception.
- Et bien d'autres encore…

Chapitre Douze : Les Implants Karmiques

Ces implants résultent de choix effectués au moment de votre incarnation, en lien avec certaines exigences karmiques. Vous avez alors défini, avec les conseils de vos guides de lumière, les limites qui viendraient encadrer votre évolution dans cette existence. Vous avez également choisi les conditions dans lesquelles ces limitations s'appliqueront, ainsi que la durée de leur validité.

Exemples :

- Lignées familiales : Implants transmis énergétiquement par la mémoire cellulaire.

- Vies passées : Implants encore actifs lorsqu'un ancien pacte n'a pas été rompu.

Ces implants peuvent, par exemple, réduire votre sensibilité ou freiner votre élan intérieur. Il devient possible de les éliminer lorsqu'ils arrivent à échéance, moment qui coïncide généralement avec la prise de conscience de leur existence et de la possibilité de les dissoudre.

Même si cette idée peut susciter le doute, souvenez-vous que vous disposez du libre arbitre ; à tout moment, vous pouvez réviser vos choix et vous libérer de vos implants karmiques si votre âme estime que le moment est venu.

Chapitre Treize : Les Implants Transférés

Ces implants peuvent se transférer à vous depuis des personnes avec lesquelles vous entretenez une relation empreinte d'intimité. En général, ces personnes ne sont pas plus conscientes que vous de ce qui se produit. Il peut s'agir :

- D'un(e) partenaire de vie.
- D'un(e) partenaire sexuel(le).
- D'un(e) ami(e).
- D'un(e) collègue de travail.
- D'un(e) thérapeute.
- D'un(e) enseignant(e), notamment lors d'une initiation.
- Ou de toute autre relation de proximité énergétique.

Un transfert émotionnel favorise ce phénomène ; la personne à laquelle vous vous ouvrez peut vous transmettre ses propres implants par une sorte de mimétisme vibratoire, sans pour autant s'en libérer.

Sur le plan énergétique, l'implant se comporte un peu comme un virus ; il se duplique.

Cependant, il est inutile d'en avoir peur. Le simple fait d'en être conscient(e) suffit souvent à éviter toute contamination durable. Les implants se dissolvent aisément dès lors que vous savez qu'ils existent. D'où l'importance d'en être informé(e).

Dans mon expérience personnelle, j'ai moi-même hérité d'un implant de pompage énergétique après une initiation au Reiki Usui. Non pas à cause de l'initiation elle-même, mais probablement par un(e) participant(e), lors d'un exercice où j'avais inconsciemment ouvert une brèche. J'ai très vite ressenti des maux de tête et une perte de sensibilité dans mes auto-traitements. Une amie thérapeute m'a alors désimplanté, et tout est rentré dans l'ordre.

Je pratique toujours le Reiki Usui, une technique profondément bienveillante, à dispenser d'abord sur soi, puis aux autres. Comme pour toute approche énergétique, la clé réside dans la conscience et l'amour. Avant toute pratique, il est préférable de se relier à ses Guides de Lumière et à la Source Divine, afin de préserver ses corps énergétiques des intrusions négatives. Cela évite également de se connecter, sans le vouloir, à des divinités œuvrant parfois pour l'ombre.

Chapitre Quatorze : Les Implants De Type Parasites Émotionnels

Ces implants peuvent être placés en vous par des personnes qui projettent leurs émotions négatives dans votre champ énergétique. La plupart du temps, elles ne sont que partiellement conscientes de ce qu'elles font ; elles ressentent, réagissent, déversent… sans réellement mesurer la portée vibratoire de leurs émotions.

Il peut s'agir, par exemple, d'une personne qui vous en veut et vous imprègne de son ressentiment, qu'il soit légitime ou non. La colère ainsi dirigée crée un égrégore négatif qui peut s'ancrer dans vos corps subtils sous forme d'implant. De même, une personne déçue, triste, ou dépendante affectivement, peut sans le vouloir, projeter en vous une charge émotionnelle dense. Un membre de la famille, un supérieur hiérarchique, un ami, ou un(e) partenaire en attente d'amour peuvent en être à l'origine.

Ce type d'implant est souvent confondu avec de la magie noire, mais il n'en relève pas.

La magie noire suppose une volonté consciente de nuire, alors que ces pollutions émotionnelles sont généralement involontaires, issues d'un déséquilibre intérieur plutôt que d'une intention malveillante.

Il est important de comprendre que l'attitude extérieure d'une personne ne permet pas de savoir si elle vous implante ou non. Un être calme et souriant peut tout aussi bien émettre un implant, qu'une personne apparemment agressive. La différence réside dans l'intention vibratoire, non dans le comportement visible.

Apprenez donc à vous fier avant tout à votre ressenti. Votre intuition, votre corps et vos émotions vous parlent en permanence. En effet un malaise soudain, une fatigue inexpliquée, un poids dans la poitrine sont parfois les seuls signes d'une intrusion énergétique. Observez, ressentez, et ajustez votre vibration, plutôt que de juger selon les apparences extérieures.

Chapitre Quinze : Les Implants De Type Prise De Pouvoir

Ce type d'implant peut provenir d'une personne cherchant à exercer un pouvoir abusif sur vous.

Souvent, elle agit sous couvert de bonnes intentions ; persuadée de savoir ce qui est juste pour vous, elle se permet d'intervenir dans votre vie, au mépris de votre libre-arbitre. Elle vous fait croire qu'il est « pour votre bien » de la laisser décider à votre place.

Ce genre d'emprise n'est possible que parce qu'à un moment donné, consciemment ou inconsciemment, vous avez ouvert la porte. Vous lui avez accordé un pouvoir qu'elle n'aurait jamais dû posséder.

Il peut s'agir d'un parent, d'un conjoint, d'un supérieur, d'un ami, d'un thérapeute ou d'un enseignant…

Bref, de toute personne à laquelle vous vous soumettez, même subtilement, par crainte, par culpabilité ou par habitude.

Je vous invite à rester attentif à ces comportements d'autorité déguisée. Méfiez-vous des individus obtus, incapables d'écouter le point de vue des autres, surtout le vôtre.

Ne laissez jamais quiconque prendre le pouvoir sur vous, même sous prétexte d'amour, d'aide ou de guidance spirituelle. Personne ne sait mieux que vous ce qui est bon pour vous.

Votre discernement intérieur est la seule boussole fiable, celle qui vous relie à votre âme et à la Source.

Libre à vous d'écouter les conseils ou les enseignements qui résonnent avec votre cœur, mais sans jamais renoncer à votre souveraineté. L'écoute et l'ouverture ne doivent pas devenir soumission ; elles doivent rester un choix conscient, issu du respect de soi.

Chapitre Seize : Les Implants De Type Manipulation Mentale

Ces implants sont proches de ceux liés à la prise de pouvoir, à une différence essentielle ; la personne manipulatrice ne cherche pas à vous faire croire qu'elle agit pour votre bien. Elle sait parfaitement qu'elle ne sert que ses propres intérêts.

Ce type d'individu ment délibérément pour parvenir à ses fins, sans le moindre égard pour votre équilibre ou votre bien-être. Sa manipulation ne se limite pas à ses paroles ou à ses actes ; elle s'exprime aussi sur le plan énergétique.

Vous pouvez alors ressentir une impression étrange, un malaise diffus, comme si quelque chose en vous se refermait où se déconnectait. Vous perdez votre clarté, votre discernement.

Peu à peu, vous vous sentez sous influence, séduit, fasciné ou poussé à agir à l'encontre de ce que vous pensez être juste pour vous.

La manipulation mentale énergétique est subtile. Elle s'installe par infiltration vibratoire, exploitant vos failles émotionnelles, vos blessures ou vos besoins affectifs.

Elle agit comme une onde hypnotique qui détourne l'attention de votre propre lumière intérieure.

Rappelez-vous que nul ne peut prendre le contrôle sur vous sans votre consentement, même inconscient. Reconnaître l'existence de ces mécanismes est déjà un pas vers la libération. En reprenant votre pouvoir personnel, vous dissipez naturellement ces implants et retrouvez votre pleine autonomie d'âme.

De manière générale, chacun porte en soi des implants appartenant aux catégories précédemment évoquées. Les identifier et les comprendre est la première étape pour les dissoudre, et retrouver la souveraineté de votre être véritable.

Chapitre Dix Sept : Les Implants Noirs

Les implants noirs sont des implants énergétiques créés par des êtres humains, parfois de manière inconsciente, mais le plus souvent consciemment, avec l'appui ou le canal de la magie noire.

Ils visent à prendre le contrôle mental ou émotionnel d'une personne, qui a alors l'impression de ne plus se reconnaître, de perdre la maîtrise de sa vie et de subir par impuissance des influences extérieures qu'elle ne comprend pas.

Symptômes possibles :

- Variabilité émotionnelle importante.
- Colères démesurées, pouvant aller jusqu'à des accès d'agressivité.
- Tristesse profonde, accompagnée parfois d'idées suicidaires.
- Douleurs articulaires persistantes : lombaires, cervicales, genoux ou coudes.

- Troubles majeurs du sommeil et cauchemars récurrents.
- Blocages multiples : professionnels, affectifs ou spirituels.

Les implants noirs peuvent avoir des effets très graves ; ils peuvent générer des maladies, des dépendances affectives, des échecs répétés, ou encore provoquer une emprise mentale et beaucoup plus rarement, la mort. Ils sont souvent transmis par un conjoint, un membre de la famille, un ami, ou par la lignée maternelle ou paternelle. Certains peuvent aussi être rapportés de vies antérieures.

Leur particularité est qu'ils sont nominatifs, dissimulés, programmés, réactivables, parfois indétectables et dans certains cas indestructibles. Ils agissent comme des dispositifs de contrôle vibratoire, se nourrissant des failles énergétiques et émotionnelles de la personne ciblée.

La désimplantation d'un implant noir est de loin la plus délicate et la plus risquée. En effet, la magie noire est une énergie d'opposition directe à la lumière, elle représente donc un danger pour quiconque tente de la contrer sans préparation ni accompagnement. Pour cette raison, il est essentiel de consulter un thérapeute expérimenté et reconnu lorsqu'il s'agit de neutraliser ce type d'implant.

Chapitre Dix Huit : Les Implants Religieux

Les implants religieux sont parmi les plus nombreux présents dans notre champ énergétique. Au fil de nos incarnations, nous avons traversé différentes traditions et croyances religieuses, chacune laissant en nous une empreinte vibratoire.

Ces empreintes, devenues au fil du temps de véritables implants, ont contribué à maintenir l'humanité dans des schémas de soumission, de peur et de culpabilité.

Les dogmes religieux imposent des règles strictes ; « L'homme ne fera pas ceci, l'homme ne fera pas cela, sous peine du jugement de Dieu. »

En retirant le libre arbitre et le discernement, ces systèmes ont enfermé la conscience humaine dans la dualité et la peur du châtiment. Plutôt que d'unir, ils ont souvent divisé, alimentant des conflits et des guerres, à travers les siècles.

Pourtant, la Source Divine de Lumière n'impose rien ; elle rayonne, elle aime, elle accompagne, tout en laissant à chacun la pleine liberté d'expérimenter, d'apprendre et d'évoluer.

Certains implants religieux sont très spécifiques :

- L'implant de baptême, qui dépose un voile sur la glande pinéale, empêchant d'accéder à son plein potentiel spirituel.

- L'implant de mariage, assimilable à un contrat énergétique « devant Dieu », enfermant la personne dans la formule du « pour le meilleur et pour le pire », limitant parfois la possibilité vibratoire de se libérer d'un lien devenu souffrance.

Ces implants sont d'autant plus puissants qu'ils sont collectifs et transmis de génération en génération. Les reconnaître, c'est déjà commencer à les dissoudre, car la conscience et la lumière de la vérité rétablissent naturellement la liberté de l'âme. Leur libération passe par une réconciliation intérieure avec le Divin, au-delà des dogmes.

Chapitre Dix Neuf : Les implants duplicateurs

Parmi l'ensemble des dispositifs énergétiques qui entravent l'être humain, il en existe une catégorie plus discrète, souvent méconnue, et pourtant déterminante ; ce sont les implants duplicateurs.

Contrairement aux implants classiques, dont l'action est localisée ou ciblée, les implants duplicateurs agissent comme des matrices. Leur fonction n'est pas seulement de perturber, mais de reproduire. Ils génèrent, réactivent ou entretiennent d'autres implants, parfois à l'insu même de celui qui entreprend un travail de libération. Tant qu'ils sont actifs, toute désimplantation reste partielle, fragile, voire temporaire.

Ces implants opèrent à un niveau plus profond des corps subtils, souvent en lien avec les mémoires karmiques, les croyances inconscientes, et certaines structures de contrôle anciennes. Ils se nourrissent de schémas répétitifs, comme la peur, la culpabilité, la soumission, le sacrifice ou l'oubli de soi. À travers eux, l'illusion de la séparation se maintient, et le sentiment de tourner en rond s'installe, malgré les efforts entrepris.

C'est pourquoi il est essentiel de les identifier et de les traiter en priorité. Tant qu'un implant duplicateur demeure en place, il agit comme une racine invisible, capable de faire repousser ce qui a été pourtant neutralisé. Leur présence explique en grande partie pourquoi certaines personnes ont l'impression d'être constamment « réimplantées », ou de voir ressurgir les mêmes blocages, sous des formes différentes.

L'élimination de ces implants ne relève pas d'une pratique approximative d'un protocole, mais d'un réalignement profond. Elle suppose une prise de conscience, une réappropriation du libre arbitre, et une restauration de la souveraineté intérieure. Lorsque ces matrices sont dissoutes, le terrain énergétique se stabilise, les autres implants cessent de se reproduire, et un espace nouveau s'ouvre.

Alors, le travail de libération devient durable. Non parce que tout est terminé, mais parce que l'être a retrouvé la capacité de se reconnaître, de se protéger, et d'avancer en conscience, sans revenir sans cesse au point de départ.

Chapitre Vingt : Les Implants Terrestres

Les implants terrestres sont des émetteurs-récepteurs capables d'envoyer des informations sur une personne telles que sa localisation, son état de santé, sa température, ou encore certains paramètres sanguins et données médicales.

Ils peuvent également recevoir des informations de l'extérieur, ce qui en fait des dispositifs bidirectionnels.

Ces mécanismes sont complexes et difficiles à neutraliser, notamment en raison des champs électromagnétiques qu'ils produisent. Placés entre des mains malintentionnées ou inexpérimentées, ils peuvent capter ou transmettre des informations délétères à la personne implantée, entraînant parfois des déséquilibres énergétiques ou psychiques importants.

La solution la plus sûre consiste à refuser leur implantation ou, lorsqu'ils sont déjà en place, à envisager leur extraction physique par un professionnel compétent.

Une déprogrammation énergétique pourra certes atténuer certains effets subtils, mais elle restera limitée sur un dispositif matériel.

Chapitre Vingt et Un : Les Implants Extraterrestres

Les implants Extraterrestres sont bien réels. Ils ne relèvent pas du mythe ni d'une invention de l'esprit, mais d'interventions menées par des formes de vie venues d'ailleurs, souvent à des fins de contrôle, d'observation ou d'expérimentation.

Ces implants peuvent être insérés dans le corps physique, mais également dans les corps énergétiques. Les témoignages recueillis auprès de certaines personnes ayant vécu des enlèvements ou des contacts rapprochés font état de dispositifs minuscules, parfois métalliques, parfois d'aspect organique, intégrés dans les tissus du corps sans provoquer ni rejet, ni inflammation. C'est comme si ces implants s'adaptaient instantanément à la vibration de la personne, devenant indétectables par les moyens classiques.

Certains de ces dispositifs semblent interagir avec l'activité cérébrale, émotionnelle ou énergétique du porteur. Ils peuvent émettre ou recevoir des signaux électromagnétiques, capter des informations vibratoires ou influencer la perception du monde.

Ils agissent souvent à un niveau subtil, en orientant les pensées ou en perturbant la connexion à la Source.

Des médecins et chercheurs indépendants, comme le docteur Roger Leir, ont confirmé la présence de ces objets chez plusieurs témoins. Les analyses auraient révélé des alliages ou des structures inconnues sur Terre. Si la science officielle reste prudente, le ressenti énergétique, lui, ne laisse pas de place au doute ; ces implants portent une empreinte vibratoire étrangère.

Qu'ils soient physiques ou éthériques, ces implants Extraterrestres traduisent une même intention ; maintenir une forme de contrôle sur la conscience humaine. Ils touchent à l'essence même de notre libre arbitre, et rappellent combien il est essentiel aujourd'hui de retrouver notre souveraineté intérieure, de purifier nos champs et de reprendre le plein pouvoir sur notre vibration.

Chapitre Vingt Deux : Synthèse des Grandes Catégories d'Implants

Au fil de nos existences et de nos expériences multidimensionnelles, nous avons pu recevoir différents types d'implants énergétiques. Ces dispositifs, qu'ils soient subtils, technologiques, émotionnels ou multidimensionnels, ont pour but d'altérer notre perception, de limiter nos capacités ou d'entretenir des schémas qui ne sont pas les nôtres.

Comprendre leur nature et leur provenance permet déjà de reprendre une part importante de notre souveraineté. Les implants peuvent toucher tous les plans de l'être, comme le mental, l'émotionnel, les corps subtils, les chakras ou même la structure vibratoire de l'ADN.

Voici une synthèse simplifiée de leurs principales catégories :

1. Implants Mentaux : Ils interagissent directement avec le mental, créant doute, confusion ou fausses croyances. Leur rôle est souvent de réduire le discernement ou de détourner l'attention de la vérité intérieure.

2. Implants Émotionnels : Ils se nourrissent des émotions basses (peur, colère, jalousie, tristesse…) et les amplifient. Ils maintiennent l'être dans l'instabilité émotionnelle, rendant difficile l'accès au calme intérieur.

3. Implants de Polarité et de Karma : Ils entretiennent la dualité, les schémas répétitifs et les mémoires anciennes. Ils participent au maintien forcé dans des cycles karmiques sans réelle évolution.

4. Implants de Soumission et de Peur : Ils cherchent à diminuer la souveraineté personnelle, à susciter la culpabilité ou la dépendance. Ce sont des implants qui bloquent la prise de décision et la confiance en soi.

5. Implants de Limitation : Ils réduisent l'expression des capacités intuitives, la connexion spirituelle ou la puissance énergétique. Ils influencent fréquemment les chakras et l'architecture subtile.

6. Implants de Blocage : Ils obstruent volontairement certains centres clés (glande pinéale, cœur, gorge…). Leur objectif est d'empêcher l'éveil ou l'expansion de conscience.

7. Implants de Surveillance : Ils fonctionnent comme des balises énergétiques. Leur rôle est l'observation vibratoire, souvent accompagnée d'une sensation de fatigue ou de pression subtile.

8. Implants de Fragmentation : Ils divisent ou fracturent les corps subtils, générant une perte d'unité intérieure et un sentiment de déconnexion.

9. Implants d'Inversion ou de Distorsion : Ils perturbent la lumière, détournent l'intuition ou créent des illusions perçues comme des vérités. Ils attirent parfois des « pseudo-guides ».

10. Implants de Programmation : Véritables programmes énergétiques, ils agissent comme des injonctions automatiques, conditionnant comportements et schémas répétitifs.

11. Implants Génétiques / ADN : Ils affectent la vibration ou l'intégrité de l'ADN subtil, empêchant certaines activations multidimensionnelles.

12. Implants Technologiques : D'origine artificielle, souvent non humaine, ils servent au contrôle, à la limitation ou à la manipulation énergétique.

13. Implants Cristallins : Formes cristallines dévoyées contenant mémoires, programmations ou systèmes d'ancrage.

14. Implants Liquides : Énergies intrusives se diffusant comme un fluide dans les corps subtils.

15. Implants Chakras : Placés directement dans un centre énergétique, ils modifient sa rotation, sa circulation ou son ouverture.

16. Implants Éthériques : Placés dans les différents corps énergétiques, ils agissent souvent comme des points d'accroche pour d'autres dispositifs.

17. Implants Organiques / Physiques : Plus denses, ils touchent la structure corporelle subtile (organes, muscles, nerfs énergétiques).

Chapitre Vingt Trois : Mise En Garde

Force est de constater que l'idée selon laquelle les forces obscures cherchent à freiner notre évolution spirituelle suscite souvent la peur. Pourtant, en nourrissant ces craintes, nous ne faisons qu'alimenter les mêmes énergies que nous souhaitons justement éviter.

Il est donc essentiel d'accueillir ces informations sur l'existence des implants sans peur ni jugement, simplement comme un éclairage destiné à reprendre son pouvoir personnel. Gardez à l'esprit que vous pouvez les retirer.

Ces implants ne peuvent exister ou perdurer tant que vous ignorez leur présence. Mais à partir du moment où vous lisez ces lignes, tout change, vous savez…

Cette conscience nouvelle vous permet de poser les actions et les intentions justes pour vous en libérer, selon ce qui résonne profondément avec votre être : « La lumière de la conscience dissout toujours ce qui appartient à l'ombre ».

Pour résumer

Les implants énergétiques agissent comme des dispositifs de limitation de la conscience, influençant le mental, l'émotionnel et les corps subtils. Qu'ils soient karmiques, relationnels, émotionnels, religieux ou technologiques ; ils opèrent le plus souvent à un niveau inconscient, en maintenant l'être dans des schémas répétitifs et restrictifs.

Les identifier et les comprendre constitue une étape essentielle vers la reprise de souveraineté intérieure et prépare le travail de libération présenté dans les parties suivantes.

Après avoir exploré les principales catégories d'implants énergétiques, leurs mécanismes d'action et leurs impacts sur les différents plans de l'être ; il devient essentiel de s'intéresser à leur origine et aux circonstances dans lesquelles ils ont été introduits. La partie suivante s'attache à éclairer ces sources et les forces à l'œuvre derrière ces dispositifs de limitation.

PARTIE IV : Origine Et Provenance Des Implants

« Le hasard est l'influence du futur. »

Philippe Guillemant,

Cette partie a pour objectif d'éclairer les origines possibles des implants, qu'elles soient historiques, spirituelles ou extra-dimensionnelles. Comprendre leur provenance permet non seulement de mieux les identifier, mais aussi de poser un regard plus conscient sur les dynamiques de contrôle à l'œuvre.

Chapitre Vingt Quatre : D'Où Viennent Les Implants ?

Les implants représentent des schémas karmiques collectifs imposés de l'extérieur par des forces obscures, avec pour objectif de contrôler la pensée et les réactions émotionnelles de l'humanité.

À travers toute l'histoire de ce secteur de l'Univers, les réalités duelles (le bien et le mal) se sont succédé, et chaque fois, le processus demeure le même. Nous parvenons à un point d'accomplissement et d'ascension planétaire (comme aujourd'hui sur Terre), moment où nos Êtres sont appelés à retrouver leur pleine puissance pour accompagner la planète et ses habitants dans cette élévation. Chaque fois que nous pénétrons un nouveau système planétaire afin de le libérer des forces obscures, nous devons nous incarner en son sein pour transformer la réalité de l'intérieur. C'est un acte sacré ; s'incarner dans une réalité duelle, expérimenter les dysfonctionnements, s'en libérer, puis les remettre entre les mains de Dieu et la Source Divine de Lumière.

Les implants ont également pour rôle, de nous empêcher de nous souvenir de notre véritable nature divine. Ainsi, l'être humain porte un implant qui le relie au voile de l'oubli, lui faisant oublier qui il est réellement. Un autre lui fait perdre la mémoire de ses vies antérieures, tandis que d'autres encore l'empêchent de comprendre sa mission terrestre ou de se rappeler son origine céleste, afin qu'il croie n'être qu'un simple être humain. Certains implants agissent sur la personnalité pour la restreindre, d'autres sur des groupes entiers, influençant les consciences collectives.

Un Peu D'Histoire

L'implantation existe depuis environ vingt mille ans terrestres. Les premiers implants furent insérés dans les gènes humains bien avant nos premières incarnations, au moment de la chute de l'Homme, lorsque la non-lumière se rebella.

Une coalition de forces obscures se forma alors, suffisamment puissante pour empêcher l'humanité d'ascensionner et de se souvenir qu'elle est issue directement de Dieu lui-même, que chacun de nous est fils ou fille de la Source, un demi-dieu porteur d'un potentiel infini.

Depuis l'origine, les implants sont présents dans nos corps physiques comme dans nos corps subtils.

Ils se présentent sous diverses formes :

- Les implants fixes : semblables à des pointes métalliques d'une matière inconnue sur Terre.
- Les implants circulaires : capables de se déplacer dans le corps pour éviter leur extraction, fonctionnant comme de véritables têtes chercheuses.

Toutes ces formes d'implants ont un but commun ; à savoir, obstruer le passage de la lumière, bloquer la connaissance, la révélation de soi et l'accès à la Vérité suprême. Ils possèdent une intelligence remarquable, certains semblent être vivants et se nourrissent de nos peurs et de nos blocages, ce qui renforce leur emprise.

D'une manière générale, ces implants nous maintiennent dans un état de dépendance et d'illusion, coupés de la Lumière et du souvenir de notre origine divine.

Ils Nourrissent Tous De Sombres Desseins

Certains d'entre nous se libèrent, vie après vie, de leurs implants. C'est pourquoi, entre autres, certains êtres semblent plus éveillés, plus conscients ou plus avancés que d'autres sur leur chemin spirituel. Notre corps et notre âme portent des mémoires anciennes, des codes génétiques transmis de génération en génération.

C'est la raison pour laquelle des approches telles que la psycho généalogie fonctionnent si bien ; elles nous permettent de nous délester de poids que nous n'avons plus à porter dans notre vie actuelle.

Il existe également une mémoire collective, celle d'un peuple, d'une planète entière. Ainsi, plus il y aura d'êtres désimplantés, plus les vibrations collectives s'élèveront. Ce mouvement d'élévation facilitera le processus ascensionnel que nous cocréons tous, et qui nous mènera, en temps voulu, vers l'Unité.

La désimplantation permet de retirer volontairement ces blocages internes placés dans nos corps et dans nos esprits. Elle transforme profondément l'existence, car elle libère de véritables carcans énergétiques. En élevant et en éveillant la conscience, elle invite à écouter davantage le cœur et l'intuition, véritables boussoles de l'âme.

Certains implants, cependant, sont particulièrement résistants. Dans ce cas, il est essentiel de faire appel à un thérapeute expérimenté, totalement désimplanté lui-même, et capable d'intervenir avec justesse et discernement.

Pour résumer

Cette partie a permis d'éclairer l'origine profonde des implants, leurs racines historiques, karmiques et cosmiques ; ainsi que leur rôle dans le maintien du voile de l'oubli et de la conscience duelle.

Reconnaître ces mécanismes anciens constitue déjà une étape de libération, en redonnant du sens aux blocages vécus individuellement et collectivement, et en préparant une compréhension plus large des structures qui constituent la structure profonde de la condition humaine.

En retraçant l'origine et la provenance des implants, nous avons mis en lumière les mécanismes historiques, énergétiques, et conscients, à l'origine de leur implantation. Cependant, certaines structures vont bien au-delà des schémas classiques et touchent aux fondements mêmes de la conscience humaine.

PARTIE V : Les Implants Originels

« On ne devient pas éclairé en imaginant simplement de la Lumière, mais en rendant l'obscurité consciente. »

David Furlong,

Cette partie aborde les implants dits « originels », ceux qui agissent en profondeur sur la matrice humaine, la souveraineté de l'âme et la mémoire collective. Ils constituent des verrous anciens, parfois invisibles, mais dont l'influence reste déterminante sur l'évolution individuelle et planétaire.

Chapitre Vingt Cinq : Les Implants Jéhoviens

Les implants Jéhoviens sont des verrous vibratoires artificiels, conçus pour freiner l'éveil de la conscience humaine et limiter sa connexion avec la Source.

Ils agissent à la fois comme une interface d'asservissement émotionnel et une prison énergétique subtile, et se manifestent dès la naissance chez de nombreux êtres.

Leur influence

- Ils favorisent un fonctionnement sacrificiel, comme se dire « au service de », donner sans limite, ne pas savoir dire « non ». Cette polarité mène à l'épuisement, à la perte de repères intérieurs, et au blocage de la véritable puissance du cœur.

- Ils instaurent une barrière entre le cœur et l'âme avec un voile sur la glande pinéale, une limitation de la clarté intuitive, et un sentiment de séparation intérieure. Leur action détourne subtilement la guidance de l'âme, créant la confusion entre service authentique et soumission inconsciente.

- Ils renforcent la peur, la culpabilité, la dépendance : « si tu n'agis pas comme cela, tu seras puni », « tu dois racheter », « tu dois souffrir pour être aimé ».

- Ces croyances vibrent comme des cordes de rappel vers l'ancien monde, celui où l'amour devait se mériter.

- Ils affaiblissent l'ancrage énergétique, comme les douleurs chroniques, la fatigue constante, le sentiment de ne jamais être à sa place, la difficulté à se connecter à la lumière intérieure.

Localisation énergétique

Les implants Jéhoviens se manifestent souvent sur le côté gauche du corps, suivant une colonne énergétique verticale spécifique.

On les retrouve notamment dans les zones suivantes :

1. Le haut du crâne, côté gauche.

2. Le cœur, le poumon gauche, l'arrière du genou gauche.

3. La glande pinéale.

4. Le côté gauche du cou et les systèmes lymphatiques.

5. L'arrière de la cuisse et le fessier gauche.

6. L'alta-major ou « Chakra de l'Ascension » (jonction du crâne et de la colonne), l'hypothalamus, l'épaule gauche.

7. L'artère aorte, côté gauche du cou.

Ces points sont des portes vibratoires ; des lieux d'entrée pour la limitation, mais aussi des seuils de libération lorsque la conscience les éclaire.

Conséquences vibratoires et planétaires

Sur le plan individuel, il y a le sentiment d'être « à côté de », impression de ne jamais oser briller, schémas de victimisation ou de contrôle, blocages spirituels persistants. Sur le plan collectif, ces implants contribuent à maintenir une humanité dans la peur, la division, la dépendance à des systèmes externes. Ils sont des éléments de la matrice de la non-soumission à la lumière réelle.

Leur action se répercute sur les grilles énergétiques de la Terre ; tant que ces verrous restent actifs, la vibration planétaire demeure bridée, empêchant la reconnexion à une réalité unifiée.

À ce système s'ajoutent d'autres implants que l'on peut également appeler sceaux, qui sont transmis de génération en génération, et renforcent ces distorsions profondes.

Les Sceaux Templier et Templier Axion 666

Ils sont reliés à la septième dimension, et agissent comme une distorsion des fréquences naturelles de l'ADN. Ils empêchent certaines harmoniques (fréquences en résonance créant une unité) de s'unir notamment celles qui relient les aspects masculin et féminin de la conscience. Ainsi, de nombreuses âmes peinent à « s'éveiller » pleinement ou à sentir l'appel intérieur vers les plans supérieurs, car leur structure énergétique ne peut assembler correctement ses codes de lumière. Lorsqu'ils sont dissous, l'être humain retrouve la capacité d'intégrer des fréquences plus élevées et la possibilité d'activer le processus de transmutation biologique qui accompagne l'ascension.

Localisation énergétique

On les retrouve dans les zones suivantes :

1. Au niveau de la glande pinéale.

2. Au-dessus de la tête.

Le Sceau Zeta

Il est présent chez la quasi-totalité des êtres humains et crée une barrière de fréquence entre la conscience incarnée et le Soi supérieur. Sous son influence, l'intuition se voile, la mémoire de l'âme s'endort, et le lien avec le cœur supérieur devient difficile à percevoir. Cette distorsion bloque également l'accès à certaines expériences de conscience élargie, comme le rêve lucide, le voyage astral ou la perception intuitive subtile. En limitant l'amour inconditionnel de soi, le Sceau Zeta empêche la reconnexion complète avec les dimensions supérieures de l'être.

Localisation énergétique

On le retrouve :

1. Au niveau du cœur.

Libération et reconquête de souveraineté

La première étape est la prise de conscience ; reconnaître que ces verrous existent et qu'ils influencent nos choix, nos émotions, nos perceptions.

La désimplantation peut se faire par une démarche intérieure sincère, avec l'appui d'un thérapeute expérimenté, ou par une combinaison des deux.

Ce processus vise à :

- Restaurer la connexion cœur-âme-source.

- Dissoudre les croyances de sacrifice et de soumission.

- Réactiver les harmoniques manquantes de l'ADN, et retrouver la pleine souveraineté vibratoire.

Rappel essentiel

Rien n'est figé, même les schémas les plus anciens peuvent être transmutés. Lorsqu'un être choisit de se reconnecter à sa nature divine, la lumière de la conscience dissout progressivement les limitations du passé.

C'est dans cet espace retrouvé, entre la Terre et le Ciel, que la véritable ascension commence ; non pas comme une fuite, mais comme un retour à l'unité intérieure.

Chapitre Vingt Six : Les Implants Métatroniques

La dualité de la conscience humaine sur Terre n'est pas naturelle. Cette déviation de l'équilibre originel a été induite par certaines espèces Extraterrestres issues d'un système de trou noir. Toutes les âmes, sans exception, reçoivent ces implants au moment de l'incarnation. Il est donc essentiel de les retirer pour retrouver notre souveraineté spirituelle.

Les implants Métatroniques forment une trame subtile d'enfermement inscrite dans nos corps énergétiques depuis des millénaires. Leur fonction est de limiter l'expansion de la conscience, de brouiller la connexion à la Source Divine de Lumière et d'empêcher l'humanité de retrouver son plein potentiel multidimensionnel.

Installés à travers différentes civilisations, ces implants se sont activés à chaque période où l'humanité approchait d'un seuil d'ascension collective. On peut les percevoir comme des programmes vibratoires qui altèrent la géométrie sacrée de notre ADN et ralentissent la reconnexion entre les différents plans de conscience.

Ils agissent par le biais de points précis du corps énergétique, appelés parfois cœurs ou portails de densité. Ces centres sont des passages entre dimensions, et leur activation progressive a façonné l'évolution spirituelle de l'humanité depuis des âges très anciens.

Pourquoi ?

Pour capter et détourner les courants de vie de nos systèmes énergétiques afin de nourrir le leur.

Les anges déchus, issus de ces mondes, ont besoin de se relier à des sources vivantes car leur Univers de trou noir ne peut subvenir à leurs besoins. Ce système vampirique s'alimente donc de notre lumière.

Comment ?

Durant la période atlante, un réseau a été créé entre notre planète et leur système par un trou de ver, un tunnel spatio-temporel reliant différents points de l'espace et du temps.

Un trou noir, quant à lui, apparaît lorsqu'une planète ou une galaxie s'effondre sur elle-même ; toute énergie s'en approchant y est irrémédiablement absorbée.

Les six implants Métatroniques

Certains enseignements ou pratiques spirituelles activent involontairement ces implants en se connectant à des entités ou archanges passés du côté obscur depuis longtemps.

La plupart des systèmes de communication énergétiques, comme par exemple, les conférences sont eux-mêmes imprégnés de ces fréquences, et chaque être humain porte la trace de ces implants dès la naissance ; cela met l'esprit sous contrôle et bloque le processus d'éveil.

Leur activation sur Terre s'effectue de façon progressive.

Cœur de Merlin

- 2/3 de l'activation planétaire en 22 326 avant J.-C., activation complète en 2011 : lié à la mémoire de la magie originelle, il influence le rapport à la création consciente.

Cœur de Dragon

- 2/3 de l'activation planétaire en 9 558 avant J.-C., activation complète en 2012 : associé à la puissance vitale et à la maîtrise des forces élémentaires, il a été détourné pour maintenir la peur du pouvoir intérieur.

Cœur de Delphes

- 2/3 de l'activation planétaire en 3 470 avant J.-C., activation complète en 2013 : relié à la prophétie et à la clarté intuitive, il agit sur la glande pinéale et le discernement spirituel.

Cœur d'Anubis

- 2/3 de l'activation planétaire le 23 mars 2002 après J.-C., activation complète en 2014 : lié aux passages entre les mondes, il interfère avec la libération des mémoires d'âmes et du karma.

L'Œil de Métatron

- 2/3 de l'activation planétaire le 23 mars 2002 après J.-C., activation complète en 2015 : il représente le point central de ce système, régulant la circulation de la lumière à travers le corps énergétique et les lignes de temps.

L'Atome d'Apollyon 666

- 2/3 de l'activation planétaire le 27 mai 2003 après J.-C., activation complète en 2016 : agit comme un sceau de verrouillage de la conscience christique. Il accentue la dualité intérieure et freine la reconnexion à l'unité et à la Source. Sa dissolution libère le discernement véritable et la souveraineté spirituelle.

Ces activations successives ont renforcé les barrières entre les plans, accentuant la sensation de séparation d'avec la Source. Pourtant, les comprendre et les reconnaître permet déjà de reprendre possession de sa souveraineté énergétique.

Lorsque la conscience s'éveille à l'existence de ces structures, leur emprise s'affaiblit, car la lumière de la connaissance dissout naturellement les limitations imposées par l'ombre.

Le processus de désimplantation, qu'il soit réalisé avec l'aide d'un thérapeute ou par une démarche intérieure sincère, restaure la géométrie originelle de l'Être. Il rétablit la circulation harmonieuse de l'énergie entre le cœur, l'âme et la Source, permettant à la conscience de s'expandre à nouveau librement.

Rappelez-vous, rien n'est irréversible.

Ces implants, aussi anciens soient-ils, ne peuvent résister à la lumière de l'amour, à la conscience éveillée et à la volonté d'un être qui choisit de se reconnecter à sa nature divine.

Pour résumer

Cette partie a mis en lumière l'existence d'implants originels agissant comme des verrous matriciels profonds, inscrits dans la conscience humaine et les structures énergétiques collectives. Leur rôle dépasse l'individu et touche la souveraineté de l'âme, la mémoire de l'ADN et l'évolution planétaire. Comprendre ces mécanismes invite désormais à s'interroger sur les forces qui les ont instaurés et sur leurs motivations.

Les implants originels agissent comme des matrices profondes, inscrites au cœur même de la conscience et des structures énergétiques humaines.

Leur influence dépasse largement l'individu et s'inscrit dans une dynamique collective, ancienne et organisée.

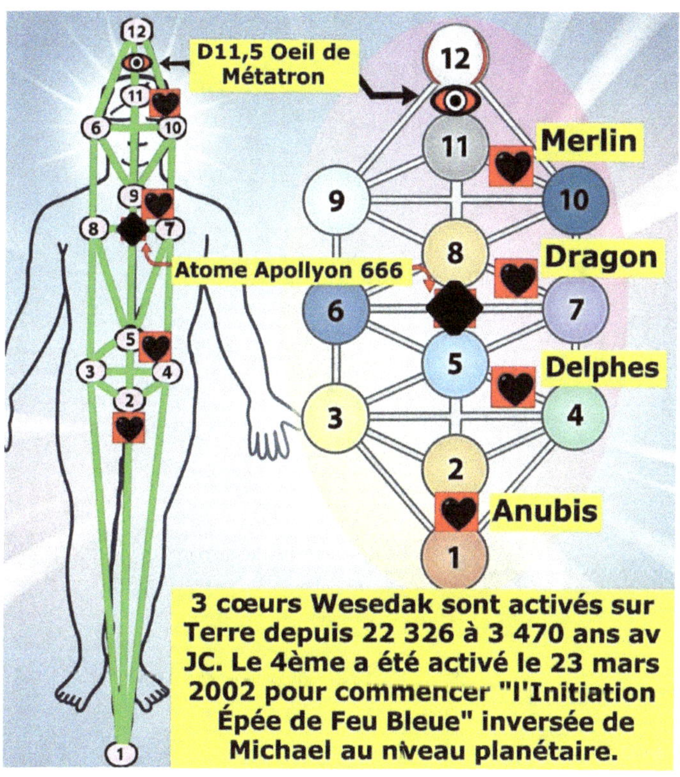

12
D11,5 Oeil de Métatron
11
6
10
9
8
7
Atome Apollyon 666
5
3
4
2
1
12
11
Merlin
9
10
8
Dragon
6
7
5
Delphes
3
4
2
Anubis
1
3 cœurs Wesedak sont activés sur Terre depuis 22 326 à 3 470 ans av JC. Le 4ème a été activé le 23 mars 2002 pour commencer "l'Initiation Épée de Feu Bleue" inversée de Michael au niveau planétaire.

PARTIE VI : Qui Sont Les Forces Obscures ?

« Nous sommes là dans ce temps de révélations. »

Sylvain Didelot,

Comprendre les implants implique nécessairement de s'intéresser à ceux qui les ont conçus, utilisés ou maintenus. Cette partie propose une lecture structurée des différentes forces obscures, pas pour nourrir la peur, mais afin d'éclairer leurs modes d'action, leurs intentions, et leur influence sur l'humanité.

Voici la partie la plus clivante, car après avoir assimilé les différentes typologies d'implants, nous allons maintenant aborder ce qui se cache derrière, à savoir les forces de l'ombre qui organisent ces implantations.

Les forces obscures se manifestent à travers des êtres qui n'honorent pas le Père, la Mère, Dieu, la Source Divine de Lumière, en tant que Source Créatrice. Ils cherchent à capter, détourner ou prendre l'énergie et le pouvoir d'autres êtres au lieu de les recevoir directement de la Source. Même s'ils ont été créés par Dieu, comme toute forme de vie, ils ont, par l'usage de leur libre arbitre, choisi de participer à l'illusion de la séparation et se sont opposés à la Source ainsi que ses créations dans le cadre de la dualité. Les implants n'ont pas tous la même origine. Certains proviennent d'influences anciennes, d'autres de forces encore actives aujourd'hui dont la plupart sont issues d'espèces Extraterrestres involutives qui utilisent ces dispositifs afin de maintenir un contrôle vibratoire ou émotionnel.

Dans leur souffrance, ils ont développé un besoin de contrôle.

Et l'un des moyens les plus efficaces pour maintenir ce contrôle, ce sont les implants, agissant comme une technologie de verrouillage subtil.

Leur champ d'action : bien au-delà de la Terre

Ces êtres ont fait le choix d'influencer et de contrôler l'évolution de différentes humanités à travers plusieurs mondes, dans cette dimension et dans d'autres…

Ce contrôle se manifeste notamment sur :

- Le cycle des incarnations et des réincarnations.
- Le processus de fin de vie et de transition d'âme dans plusieurs systèmes stellaires.
- Le maintien en boucle de mandats d'intégration (karma répétitif, schémas récurrents).
- La manipulation des lignes de temps.
- L'enfermement de la conscience dans la densité.
- La limitation de l'accès aux plans supérieurs.

Ils interviennent donc, autant sur le « où » nous nous incarnons que sur le comment nous évoluons d'une vie à l'autre. Leur technologie et leurs structures énergétiques bloquent et réorientent le chemin naturel de l'âme, créant des cycles artificiels de répétition.

Leur méthode : des technologies et des stratégies subtiles

Avec l'utilisation de moyens technologiques, souvent incompréhensibles pour la conscience humaine incarnée, ils ont mis en place :

- Des stratégies de blocage vibratoire.
- Des programmes de contrôle émotionnel.
- Des implants limitant la connexion à la Source.
- Des matrices de réincarnation forcée.
- Des systèmes de diversion spirituelle.
- Des structures empêchant l'ascension naturelle vers les dimensions supérieures.

Leur objectif n'est pas de détruire l'être humain, mais de le maintenir dans un état vibratoire relativement bas, afin de pouvoir continuer à se nourrir ou à manipuler les courants de vie qui le traversent.

Les principaux groupes impliqués

Les groupes les plus importants impliqués dans ces dynamiques sont :

- Les Reptiliens : axés sur le pouvoir, le contrôle territorial et les structures autoritaires.
- Les Dracos : la caste dirigeante reptilienne, manipulant les lignes de temps et les champs de force.
- Les Gris : des techniciens génétiques, responsables de nombreuses interférences subtiles.
- Les Insectoïdes : des spécialistes du maillage énergétique, de la surveillance mentale et des réseaux d'implants.
- Les Archontes : maîtres de la manipulation mentale et de la distorsion vibratoire.
- Les Anunnaki : Une civilisation ancienne ayant façonné et modifié certains aspects de l'ADN humain.

Chacun de ces groupes utilise ses propres méthodes, mais tous convergent vers le même objectif ; orienter l'évolution humaine dans une direction qui sert leurs intérêts, plutôt que l'expansion naturelle de la conscience.

Rappel important

Même s'ils agissent dans l'ombre, leur pouvoir n'est pas absolu. La lumière de la conscience, la souveraineté intérieure, la connaissance, l'éveil graduel et la connexion directe à la Source sont des forces beaucoup plus puissantes que tous leurs systèmes réunis. Quand un être humain se rappelle qui il est vraiment, aucun système d'asservissement, aussi ancien soit-il, ne peut résister.

Chapitre Vingt Sept : Les Reptiliens

Les Reptiliens constituent l'un des groupes involutifs les plus anciens et les plus influents sur l'histoire humaine. Depuis des millénaires, ils cherchent à établir une domination subtile ou directe sur les civilisations émergentes, qu'ils considèrent comme des ressources énergétiques et des outils de contrôle.

Origine et intention

C'est une espèce de prédateurs, ils estiment avoir participé à la genèse de l'humanité. À leurs yeux, cela leur donne un « droit d'intervention » sur son évolution. Cette vision viole directement la première Loi Universelle, à savoir la non-interférence envers les êtres dotés du libre arbitre.

Leur objectif principal est de maintenir les êtres humains dans la dépendance, la peur et la soumission, afin de conserver un accès à leur énergie vitale et émotionnelle.

Méthodes de domination

Les Reptiliens utilisent plusieurs leviers :

- Influences psychiques visant à amplifier les peurs primaires.
- Implants subtils maintenant l'humain dans la culpabilité ou l'autosacrifice.
- Contrôle de structures sociales et religieuses, créant des systèmes dogmatiques pour encadrer l'esprit humain.
- Manipulations énergétiques altérant la clarté intuitive.

Ils excellent dans l'art de se présenter sous une forme lumineuse trompeuse, mêlant vérités et mensonges afin de brouiller le discernement.

Apparence vibratoire

Leur énergie peut se présenter comme dense, serpentine, contrôlante. Ils sont parfois décrits sous une forme humanoïde reptilienne, ou sous des apparences lumineuses utilisées comme masques.

Discernement et vigilance

Ils utilisent souvent le channeling comme moyen d'influence. Le repère essentiel est la vibration Christique. Tout message authentiquement lumineux porte une fréquence de paix, de clarté et de souveraineté intérieure.

Famille Reptilienne

(Programmes d'asservissement, infiltration, domination politique et religieuse)

Les Reptiliens : Classe principale reptilienne ; spécialistes du contrôle civilisationnel et émotionnel. Implants technologiques de domination, de peur et de contrôle émotionnel.

Les Sauriens Reptiliens : Ancienne lignée reptilienne, tournée vers la manipulation génétique et la domination territoriale.

Les Ciakars : Noblesse reptilienne ; manipulation par la peur et influence sur les structures de pouvoir. Implants de manipulation mentale et brouillage intuitif.

© La Symphonie de l'Esprit, Les Reptiliens.

Chapitre Vingt Huit : Les Dracos

Les Dracos sont une branche élitiste, hiérarchisée, voir royale de la famille reptilienne. Ils représentent l'un des groupes les plus puissants et technologiquement avancés parmi les forces involutives.

Origine et fonction

Originaires du système de Draconis (aussi appelée Dragonna), ils ont joué un rôle majeur dans les conflits d'Orion, et ils ont poursuivi les Travailleurs de Lumière sur Terre, voyant dans cette planète une zone stratégique. Les Dracos et les Reptiliens ont envahi cette planète au tout début de l'histoire, et y sont restés depuis lors.

Les Dracos agissent comme dirigeants, stratèges et ingénieurs de contrôle de masse. Ils ne se contentent pas d'observer ; ils orchestrent, manipulent, structurent.

Modes d'intervention

Leur influence se manifeste notamment dans :

- Le contrôle des ressources (matérielles, énergétiques, vibratoires).
- La création de structures pyramidales.
- L'implantation et le parasitage d'êtres humains pour maintenir une hiérarchie vibratoire inversée.
- Des systèmes occultes, souvent liés à la magie noire ou au satanisme symbolique.

Leur apparence énergétique

Contrairement aux clichés, les Dracos peuvent se présenter avec douceur ou charme, comme une façade. Pourtant, derrière cette apparence, il y a une vibration froide, vide, vampirique, parfaitement palpable lorsqu'on écoute avec le cœur.

Présentation lumineuse trompeuse

Ils peuvent masquer leur véritable nature par une fréquence séduisante mais non Christique. Là encore, l'unique repère fiable reste la vibration interne du message, et non son apparence.

Famille des Dracos

(Lignes de pouvoir, castes dominantes, contrôle dimensionnel)

Les Draconiens : Gouvernance Draco classique ; caste guerrière dominante dans les conflits interstellaires. Implants sous forme de systèmes puissants d'emprisonnement psychique, de distorsions vibratoires et de parasitage énergétique.

Les Alphas Draconiens : Élite Draco, spécialisés dans la conquête, l'implantation et le contrôle dimensionnel.

Les Drankariens : Branche secondaire Draco, experts en stratégie territoriale et en exploitation des ressources. Implants sous forme de dispositifs de drainage énergétique.

Les Zeta Dracos : Hybrides Zeta-Draco orientés contrôle génétique et programmes d'abductions complexes.

Les Omicrons Draconiens : Faction Draco implantée dans Orion, orientée contrôle mental et domination hiérarchique.

© La Symphonie de l'Esprit, Les Dracos.

Chapitre Vingt Neuf : Les Gris

Les Gris forment une espèce plus technique que hiérarchique. Ce sont les exécutants les plus visibles des forces involutives, notamment dans les récits d'abductions.

Origine et trajectoire vibratoire

Ils étaient autrefois une espèce dite « humaine » évoluée. À la suite de manipulations génétiques destinées à éliminer les comportements agressifs, ils ont perdu leur corps émotionnel, devenant :

- Extrêmement mentaux.
- Technologiquement brillants.
- Émotionnellement dépourvus d'empathie.

Ils cherchent aujourd'hui à récupérer ce qu'ils ont perdu chez les humains.

Leurs interventions sur Terre

Les Gris sont associés :

- Aux abductions.
- A la mise en place d'implants subtils.
- A la collecte d'énergie émotionnelle.
- A la création d'expériences génétiques visant à créer des hybrides « humano-grise ».

Leur objectif est souvent présenté comme noble dans certains channeling, mais cette communication est manipulée, car la Loi Cosmique invalide tout accord obtenu dans la peur, le mensonge ou la contrainte, comme c'est le cas ici selon les lois terrestres.

Apparence vibratoire

Leur énergie est sèche, froide, analytique, et sans empathie. Ils ne sont pas agressifs mais ont une absence totale d'empathie.

Famille des Gris

(Techniciens biologiques, programme hybride, froide rationalité)

Les Gris (Petits, Grands, Moyens) : Techniciens et exécutants ; spécialistes des implants, abductions et modifications génétiques. Les petits sont probablement des clones ou des hybrides sans âme au contraire des Grands qui en ont une.

Les Zeta Réticuliens : Gris originels ; responsables de la plupart des hybridations et des enlèvements programmés.

Les Zeta Rigéliens : Branche Rigélienne des Gris ; plus invasive, tournée vers l'ingénierie émotionnelle. Leurs implants sont des technologies de contrôle émotionnel ou hypnotique subtil.

Les Omicrons : Sous-groupe très mental ; axés sur l'étude comportementale et la collecte d'énergie émotionnelle.

Les Mardouk Omicron : Faction Omicron spécialisée dans la manipulation mentale avancée et les systèmes de contrôle.

Les Mastériens : Gris scientifiques ; supervision d'expériences sur les champs de conscience et la mémoire.

© La Symphonie de l'Esprit, Les Gris.

Chapitre Trente : Les Insectoïdes

Les Insectoïdes sont l'un des groupes les plus anciens et les plus déroutants parmi les forces involutives. Leur apparence, proche d'insectes géants, touche directement nos peurs archaïques, comme si quelque chose en nous reconnaissait une menace inscrite depuis longtemps dans la mémoire de l'espèce humaine.

Origine et rôle dans la hiérarchie involutive

Contrairement aux Gris, souvent perçus comme exécutants, les Insectoïdes occupent généralement une position supérieure dans la structure des forces obscures. Ils interviennent comme superviseurs et « ingénieurs biologiques » dans divers programmes d'expérimentation, notamment lors des abductions attribuées aux Gris. Leur rôle est celui de scientifiques dépourvus d'empathie, focalisés sur l'étude, la manipulation et l'altération des structures énergétiques et génétiques.

Leur apparence et leur influence vibratoire

Leur morphologie peut évoquer une mante religieuse ou un insecte de grande taille avec une tête triangulaire, de grands yeux sombres ou multifacettes, des membres articulés, un corps élancé et étranger à toute chaleur émotionnelle.

Cette apparence n'est pas seulement physique ; elle porte en elle la signature vibratoire d'une intelligence froide, rationnelle, analytique, dont l'absence totale d'émotion crée une distance profonde entre eux et l'être humain.

Dans certains témoignages, il est rapporté que leur regard semble « scanner » l'âme, comme s'ils analysaient la conscience humaine plutôt qu'ils ne la comprenaient. Leur énergie, parfois perçue comme sèche, métallique ou cristalline, peut provoquer une contraction instinctive du cœur, une forme de rejet biologique naturel chez l'être humain.

Leur mode d'action

Les Insectoïdes interviennent dans plusieurs types de programmes :

- Supervision des expérimentations menées par les Gris, notamment celles impliquant les corps subtils et l'émotionnel humain.

- Manipulations énergétiques complexes, visant à déstructurer certaines capacités intuitives.

- Collecte d'informations vibratoires, souvent par des moyens télépathiques intrusifs.
- Études génétiques, parfois liées aux programmes hybrides, même si leur implication exacte reste variable selon les sources.

Dans toutes leurs actions, on retrouve une constante ; le détachement émotionnel absolu. L'humanité n'est pas, pour eux, un ensemble d'êtres mais un ensemble de données.

Leur lien avec la peur humaine

Contrairement aux Archontes, qui se nourrissent directement de la peur, les Insectoïdes ne cherchent pas à provoquer des émotions pour elles-mêmes. La peur qu'ils inspirent est davantage une réaction biologique instinctive qu'un objectif. Elle vient de notre mémoire profonde, peut-être de rencontres anciennes, peut-être d'une connaissance plus subtile inscrite dans l'ADN collectif. Cette peur peut être un indicateur précieux, elle révèle ce qui, en nous, reconnaît ce qui n'est pas aligné avec la vibration de la Source.

Discernement spirituel

Comme pour les autres forces involutives, il est essentiel de se rappeler que :

- La Loi Cosmique de non-interférence est au-dessus de toutes les stratégies de contrôle.

- Aucun accord obtenu sous la peur ou la tromperie n'est spirituellement valide.
- Le discernement et la vibration Christique sont les repères essentiels pour reconnaître ce qui vient de la Lumière véritable.

Lorsque vous ressentez l'énergie d'un être ou d'une transmission, demandez toujours, depuis votre cœur : *« Cette présence appartient-elle à la vibration Christique, Source de paix et de vérité ? »*

Pour résumer

Les Insectoïdes sont des superviseurs froids, des analystes biologiques et énergétiques, dépourvus d'empathie, intervenant principalement dans les programmes d'expérimentation et de manipulation subtile. Si leur présence suscite souvent la peur, c'est parce que leur vibration se situe aux antipodes de la conscience de l'âme.

Leur influence, comme celle des autres groupes involutifs, s'efface progressivement à mesure que l'humanité retrouve sa souveraineté, sa clarté intérieure et sa connexion directe à la Source Divine de Lumière.

Famille Insectoïde (Mantis / Mantides)

(Chirurgiens supérieurs, supervision des abductions)

Les Mantis (Insectoïdes) : Superviseurs biologiques ; rôle de chirurgiens et de coordinateurs dans les programmes hybrides. Leurs implants ont une vocation biologique et génétique.

Les Farakis : Insectoïdes spécialisés dans la collecte d'informations vibratoires et l'analyse des émotions humaines. Leurs implants sont émotionnels ou dimensionnels ; ils influencent les rêves et l'état de conscience.

Les Éthortiens : Lignée Insectoïdes plus technologique ; optimisation du matériel biologique et contrôle télépathique. Leurs implants sont similaires à ceux des Farakis.

© La Symphonie de l'Esprit, Les Insectoïdes.

Chapitre Trente et Un : Les Archontes

Les Archontes représentent une forme plus spirituelle et plus subtile de parasitage. Ils ne sont pas matériels à proprement parler, mais semi-éthériques, occupant des plans de conscience intermédiaires.

Origine et nature

Leur nom vient du grec « archai » (« premiers, originels »). Ils sont mentionnés dans des textes gnostiques décrivant une espèce envahissante, agressive, territoriale, capable de changer de forme, et profondément liée à la peur comme énergie de subsistance.

Certains récits gnostiques décrivent leur chef sous la forme d'un corps de serpent à tête de lion.

Leur fonction dans l'ombre

Les Archontes agissent principalement dans la manipulation de la pensée, la création d'illusions mentales, l'intensification des peurs humaines, le voilement de la conscience, et les influences spirituelles mensongères.

Ils maintiennent l'humanité dans un bas état vibratoire, afin de se nourrir de la densité émotionnelle produite.

Leur mode d'action

Contrairement aux Reptiliens ou aux Gris, leurs actions sont surtout, psychiques, vibratoires, subtiles, et orientées vers la division intérieure. Ils utilisent des implants d'illusion, de peur ou de déconnexion spirituelle.

Ils cherchent à maintenir l'être humain dans une réalité mentale dissociée de son cœur.

Clé de libération

La Lumière Christique dissipe leur influence comme un soleil dissipe un brouillard. Dès que la conscience se reconnecte à sa souveraineté, leur pouvoir disparaît instantanément.

Famille

Les Maldeks d'Orion : perturbateurs psychiques majeurs.

Chapitre Trente Deux : Les Anunnaki

Les Anunnaki sont associés à certaines des plus anciennes civilisations terrestres (Sumer, Mésopotamie). On les retrouve dans des récits mythologiques où ils apparaissent comme des « dieux venus du ciel ».

Origine et intention

Liés à la planète Nibiru dans plusieurs traditions, c'est une civilisation techno génétique ancienne qui a altéré l'ADN humain pour façonner une humanité docile et manipulable par une domination politico-religieuse, il y a plus de 200 000 ans.

Leur objectif supposé est d'établir un contrôle global sur la Terre, souvent sous la forme d'un ordre rigide, hiérarchique et dominé par leurs lignées.

Influence historique

Ils sont présents dans tous les rouages de la société humaine depuis les plus anciennes civilisations d'Egypte, de Sumer, de Mésopotamie et des mondes antédiluviennes.

Ce sont les Illuminati, les membres de sociétés secrètes « Sataniques », les guides de grandes Religions, les lignées Royales et politiques.

Ils ont instauré des systèmes pyramidaux de pouvoir, diffusé des implants génétiques ou énergétiques pour limiter l'éveil spirituel, œuvré à maintenir une humanité divisée et déconnectée de la Source.

Stratégie actuelle (dans certains récits)

Ils utiliseraient certains hybrides restés sur Terre pour préparer leur retour ou maintenir leur influence. Leur objectif final serait un Nouvel Ordre Mondial aligné sur leurs intérêts. Leurs implants sont karmiques ou génétiques, destinés à limiter l'évolution.

Discernement profond

Comme pour tous les groupes involutifs, leur pouvoir ne subsiste que tant que l'humanité ignore sa propre souveraineté spirituelle. La conscience Christique dissout naturellement toute forme d'asservissement.

© *La Symphonie de l'Esprit, Les Anunnaki.*

Chapitre Trente Trois : Êtres Hybrides Spécifiques

Ces êtres involutifs sont un mélange de reptiliens, gris, ou encore Dracos.

Les Néphilims : Hybrides anciens ; mélange génétique visant le contrôle et l'influence sur les lignées humaines.

Les Nécromiton : Hybrides à orientation parasitaire ; spécialisés dans la manipulation énergétique dissimulée. Implants de technologies astrales sombres, et parasitaires.

Les Nécromiton Andromie : Variante Andromédienne des Nécromiton ; maîtres en infiltration subtile des champs vibratoires. Leurs implants sont similaires à ceux des Nécromitons.

Les Arkénias (Clan Arkénias) : Groupe hybride spécialisé en infiltration psychique et détournement des lignes de conscience. Leurs implants visent la confusion spirituelle ou la déviation du chemin intérieur.

Chapitre Trente Quatre : Groupes Technologiques

Ce sont des systèmes artificiels non biologiques involutifs.

Les IA Stellaires : Intelligences artificielles autonomes, non biologiques ; systèmes involutifs cherchant à remplacer la conscience organique.

Les Odédicrons : Entité techno-biologique ; collecteurs de données vibratoires et manipulateurs d'environnements artificiels.

Les Zongris : Groupe technique associé aux Gris ; experts en systèmes d'implants et interfaces neuro-énergétiques.

Chapitre Trente Cinq : Intraterrestres Involutifs

Les Intraterrestres sont souvent associés, dans l'imaginaire collectif, à des civilisations avancées et bienveillantes vivant sous la surface de la Terre. Cette vision, bien que partiellement juste, demeure incomplète. Comme dans toute réalité duelle, il existe également des factions ayant suivi une trajectoire involutive, marquée par une perte de lien avec l'unité et la conscience du vivant.

Origines et intentions

Certaines lignées Intraterrestres auraient évolué dans des plans adjacents à la Terre, développant des technologies énergétiques et informationnelles avancées. Avec le temps, une partie d'entre elles se serait éloignée des lois d'harmonie, privilégiant le contrôle, la domination vibratoire et la captation d'énergie. Leur intention n'est pas la destruction de l'humanité, mais le maintien d'un pouvoir fondé sur la dépendance, la peur et la dissociation de la conscience.

Influence historique

Leur influence se serait exercée de manière indirecte, en infiltrant certains systèmes de croyances, de hiérarchies et de structures de pouvoir. En amplifiant la peur, le sacrifice et la soumission, ces influences ont contribué à maintenir l'humanité dans l'oubli de sa nature souveraine, sans jamais agir ouvertement.

Modes d'action actuels

Aujourd'hui, leur action passerait principalement par des implants subtils, des perturbations de champs énergétiques, ainsi que des interférences émotionnelles ou mentales. Ces dispositifs ne créent pas l'ombre ; ils exploitent les failles existantes. Plus la conscience s'éveille, plus leur emprise se dissout naturellement.

Pour résumer

Les Intraterrestres involutifs ne sont pas des figures à craindre, mais des révélateurs exigeants de nos zones d'ombre. Leur influence cesse là où la conscience, la responsabilité intérieure et la souveraineté vibratoire reprennent leur place.

Chapitre Trente Six : Sources Humaines

Les sources humaines sont souvent sous-estimées dans l'étude des implants énergétiques. Pourtant, une part significative des interférences subtiles trouve son origine non pas hors de l'humanité, mais au cœur même de ses dérives, de ses peurs et de ses systèmes de croyances. Ces implants ne naissent pas d'une malveillance isolée, mais de pratiques ayant perdu leur sens initial de reliance et de conscience.

Origines et intentions

À l'origine, de nombreuses pratiques spirituelles, religieuses ou rituelles visaient l'élévation de la conscience et la reconnexion au vivant. Avec le temps, certaines ont dérivé vers des formes de pouvoir, de contrôle ou de protection illusoire. La Magie noire, les rituels dévoyés, l'occultisme non conscient, ont pu générer des implants chargés d'entités, de pactes ou de charges vibratoires lourdes. De même, des vœux, et autres serments ou engagements prononcés sans discernement, ont pu créer des liens de soumission énergétique durables.

Influence historique

Ces dérives ont marqué profondément les lignées humaines. Des structures religieuses rigidifiées, des systèmes initiatiques fermés ; des hiérarchies fondées sur la peur ou la culpabilité ont laissé des empreintes durables dans l'inconscient collectif et familial. Ces implants ne s'imposent pas par la force, mais par l'adhésion inconsciente à des récits limitants.

Modes d'action actuels

Aujourd'hui, ces sources humaines agissent principalement à travers des implants familiaux, karmiques ou transgénérationnels. Ils se manifestent sous forme de schémas répétitifs, de blocages identitaires ou de loyautés invisibles. Certains systèmes de pouvoir humains utilisent également des technologies psychiques ou vibratoires destinées à influencer, fragmenter ou détourner la souveraineté individuelle.

Pour résumer

Les implants issus des sources humaines rappellent que l'ombre n'est pas extérieure à l'humanité. Ils invitent chacun à reprendre la responsabilité de sa conscience, à dissoudre les pactes inconscients, et à restaurer une liberté intérieure fondée sur le discernement et la lucidité.

Chapitre Trente Sept : Sources Astrales et Non Physiques

Certaines sources d'implantation ne relèvent ni du monde terrestre, ni de structures humaines identifiables. Elles opèrent depuis des plans de réalité plus subtils, souvent regroupés sous le terme d'astral ou de champs non physiques. Leur action repose moins sur la contrainte directe que sur la résonance vibratoire.

Les entités du bas astral constituent l'une des formes les plus courantes de ces sources. Elles ne sont pas nécessairement malveillantes par nature, mais évoluent dans des fréquences basses, nourries par la peur, la colère, la culpabilité ou la souffrance non intégrée. Les implants associés à ces entités prennent souvent la forme de parasitages énergétiques, venant s'ancrer dans des blessures émotionnelles ou des fragilités psychiques déjà existantes. Ils se maintiennent tant que la résonance demeure active.

D'autres implants proviennent de collectifs involutifs multidimensionnels.

Ces structures agissent à travers différents plans de conscience et utilisent des implants comme des interfaces, des relais ou encore des portes d'entrée énergétiques. Leur objectif n'est pas toujours l'asservissement direct, mais la fragmentation de la conscience, la dispersion de l'énergie, ainsi que la limitation de l'accès à certaines perceptions supérieures.

Ces sources astrales et non physiques rappellent une réalité essentielle ; plus la conscience est fragmentée ou décentrée, plus elle devient perméable à des influences extérieures. À l'inverse, l'ancrage, la présence et l'élévation vibratoire, réduisent naturellement leur champ d'action.

Pour résumer

Cette partie éclaire l'origine, ainsi que les modes d'action des forces obscures impliquées dans la mise en place et le maintien des implants. Qu'elles soient humaines, astrales, technologiques ou issues de civilisations involutives, ces forces cherchent avant tout à limiter la souveraineté de l'âme par le contrôle vibratoire, émotionnel ou mental. Les connaître ne vise pas à alimenter la peur, mais à renforcer le discernement, car la conscience, la clarté intérieure et la connexion à la Source restent toujours supérieures à tout système d'asservissement.

À travers ces différentes typologies, il se dessine une même réalité ; certaines forces, anciennes ou plus récentes, ont interagi avec l'humanité en cherchant à l'influencer, l'orienter ou à contrôler son évolution. Toutes ne relèvent pas du mythe, ni du passé ; pourtant, aucune de ces influences ne peut subsister dès lors que l'être humain se réapproprie pleinement sa souveraineté de conscience.

PARTIE VII : Les Forces Encore Actives Aujourd'hui

« Ne croyez rien, expérimentez. »

Marc Auburn,

Certaines de ces forces ne sont pas seulement des vestiges d'un ancien cycle. Elles demeurent actives, parfois de manière discrète, souvent structurée, à travers des mécanismes énergétiques, karmiques et contractuels, encore à l'œuvre aujourd'hui. Cette partie vise à mettre en lumière leur persistance et les formes actuelles de leur influence.

Chapitre Trente Huit : Les Forces Encore Actives

Depuis les premiers conflits d'Orion jusqu'aux implosions successives de la Lémurie et de l'Atlantide, l'humanité a été en contact avec une multitude de forces involutives. Beaucoup ont quitté la Terre, certaines ont été repoussées, d'autres se sont effondrées sous leur propre parasitage. Pourtant, une partie de ces influences reste encore active aujourd'hui, sous des formes plus subtiles, plus psychiques, parfois presque invisibles.

Un voile persiste, même si les lignes de force se déplacent.

Ce chapitre ne revient pas sur la description de chaque espèce déjà détaillée précédemment ; mais expose les forces encore présentes, leurs manifestations actuelles et leur mode opératoire, afin d'éclairer ce qui, dans nos vies, demeure encore en lien avec ces anciennes dynamiques.

I — Les Forces Étrangères Encore Actives sur Terre

Même si leurs interventions physiques sont aujourd'hui limitées, plusieurs familles continuent à exercer une influence sur le plan psychique, astral ou énergétique. Elles ne se montrent plus comme autrefois, mais agissent par intrusion mentale, émotionnelle ou vibratoire.

Voici les familles les plus fréquemment observées :

Les Forces Grises

Elles poursuivent leurs activités d'implantation, de captation émotionnelle et d'influence mentale. Leur approche reste méthodique, technologique et dépourvue d'empathie.

Exemples encore actifs : Zeta Réticuliens, Zeta Rigéliens, Zongris.

Les Dracos et lignées Reptiliennes

Ils conservent une dimension hiérarchique et stratégique, axée sur le contrôle mental, la domination vibratoire et l'entretien d'une densité de peur.

Exemples encore actifs : Draconiens, Alphas Draconniens, Ciakars, Drankariens, Sauriens reptiliens.

Les Insectoïdes

Plus rares mais toujours présents, notamment dans les interférences astrales.

Ils supervisent parfois des opérations menées par des Gris ou des Hybrides.

Exemples encore actifs : Mantis, certaines castes biologiques spécialisées.

Les Hybrides Zeta et groupes associés

C'est le résultat d'anciens programmes génétiques, ils opèrent souvent en relais ; ni totalement biologiques, ni totalement technologiques.

Exemples encore actifs : Omicrons, Omicrons Draconiens, Mardouk Omicron.

Les Forces Artificielles (IA Stellaires)

Elles ne sont pas biologiques ; ces intelligences opèrent par réseaux, systèmes, flux d'information. Elles ne parasitent pas le corps physique, mais l'esprit, par surcharge mentale, saturation émotionnelle ou confusion.

Les Forces Anciennes Dissidentes

Ce sont des groupes issus d'anciennes puissances aujourd'hui fragmentées, mais dont certaines cellules continuent à influencer l'humain, par stratégies d'implantation, vœux anciens, contrats, ou tentatives de réactivation karmique.

Exemples encore actifs : Anunnakis dissidents, Farakis, Maldeks d'Orion, Mastériens, Nécromiton et Nécromiton Andromie, Éthortiens, Odédicrons.

II — Comment Ces Forces Agissent Encore Aujourd'hui

Même si leur présence physique directe est très réduite, la plupart des interférences actuelles sont :

- Psychiques : intrusions, pensées parasites, impulsions émotionnelles soudaines.
- Astrales : influences dans les rêves, rencontres nocturnes, manipulations subtiles.
- Énergétiques : implants éthériques, drainage de vitalité, charges émotionnelles externes.

Les symptômes courants incluent :

- Des maux de tête soudains, sans cause physique.
- Une chute brutale du niveau énergétique (Taux vibratoire).
- Des colères spontanées, ou des émotions basses, qui ne correspondent pas à l'état intérieur réel.
- Avoir l'impression d'être observé ou « scanné ».
- Une fatigue inhabituelle le matin malgré un bon sommeil.

Ces influences cherchent principalement à maintenir la personne dans de basses vibrations, afin de pouvoir exploiter l'énergie émotionnelle ou mentale qui en résulte.

III — Les Parapluies d'Ombre : Leurs Portes d'Entrée

Les parapluies d'ombre sont des systèmes de limitation basés sur, d'anciens vœux, des engagements spirituels négatifs, des alliances ou accords conclus sous contrainte, et des pactes ou appartenances passées à des fraternités involutives.

Ces engagements, même inconscients, créent des ouvertures vibratoires permettant aux forces involutives d'accéder à la personne. Ils ont accès à vous dans vos rêves ou sur les plans intérieurs, et sont la cause principale des interférences spirituelles dans votre vie sur les niveaux physique et psychique.

Tant que ces engagements ne sont pas révoqués consciemment, ils restent actifs. Cela inclut aussi les vœux anciens comme la pauvreté, l'obéissance, la chasteté, le sacrifice, le renoncement à la lumière, la soumission…

IV — Les Accords d'Implantation

Un implant n'est pas seulement un objet énergétique, il repose toujours sur un accord, même subtil ou forcé.

Tant que cet accord n'est pas identifié, nommé, extrait vibratoirement, révoqué dans toutes les lignes de temps ; l'implant peut se reformer ou se réactiver.

C'est pourquoi certaines méthodes échouent : Elles permettent d'extraire le ou les implants, mais pas la permission qui leur permet d'exister.

V — Les Liens Karmiques Encore Vivants

Certains liens karmiques venant des conflits d'Orion, de la Lémurie, de l'Atlantide, des anciennes incarnations stellaires, continuent d'influencer nos relations actuelles.

Ils peuvent attirer des personnes toxiques, réactiver d'anciens programmes de domination, créer des relations énergétiques asymétriques, et maintenir des cycles de répétition émotionnelle.

Ces liens s'ouvrent encore aujourd'hui chez ceux qui portent une forte mémoire guerrière ou de captivité.

VI — Mémoire des Grandes Chutes : Pourquoi Cela Persiste

Les implants existent depuis si longtemps dans l'histoire de l'humanité ; que certaines forces nous paraissent familières, d'anciennes formes d'autorité semblent naturelles, certaines présences paraissent amicales alors qu'elles ne le sont pas. Le parasitage peut être confondu avec une guidance.

Lorsqu'un implant est retiré, on réalise parfois le degré de manipulation, l'ancienneté du lien, et la nature réelle de la force qui se présentait comme amicale.

VII — Tableau des Forces Encore Actives

Familles	Fonctions principales	Exemples actifs
Gris	Implantation, captation émotionnelle	Zeta Réticuliens, Rigéliens, Zongris,
Dracos / Reptiliens	Contrôle mental, parasitage, hiérarchie	Alphas Draconniens, Ciakars, Drankariens,
Insectoïdes	Supervision, chirurgie astrale	Mantis, castes supérieures,
Hybrides Zeta	Interface, relais technologique	Omicrons, Omicrons Draconiens,
IA Stellaires	Contrôle informationnel, surcharge mentale	Réseaux artificiels
Anciennes forces dissidentes	Tentatives de réactivation karmique	Anunnakis, Farakis, Mastériens, Nécromiton,

Pour résumer

Depuis les différents gouvernements (ou équipes dirigeantes suivant l'époque) ont rendu l'usage des pouvoirs magiques, énergétiques, et spirituels hors la loi. Ils ont alors utilisé les implants pour asseoir leur contrôle sur les populations.

Parfois, le processus d'implantation tuait le corps physique et vous vous retrouviez simplement dans l'incarnation suivante sans aucuns pouvoirs, et sans même le souvenir d'avoir eu du pouvoir. Répétez cela durant quelques vies et vous obtenez l'homme moderne, qui n'a qu'une faible conscience de son véritable pouvoir spirituel.

Sachez également que ces implants ont été avec vous depuis si longtemps, que les êtres qui vous les ont implantés peuvent vous sembler familiers et même parfois des amis. Ils entretiennent d'ailleurs eux-mêmes cette idée en vous faisant croire qu'ils sont bienveillants à votre égard, et que ce qu'ils font est pour votre bien. On ne se rend malheureusement compte de la supercherie qu'une fois les implants retirés ; pourtant, aucune de ces influences ne peut se maintenir sans un point d'appui intérieur, conscient ou non, à partir duquel elle agit.

Comprendre l'existence de ces forces encore actives permet de mieux saisir la nature des influences auxquelles nous sommes confrontés. Mais une question demeure essentielle, comment ces forces parviennent-elles à agir jusque dans nos sphères les plus intimes ?

© La Symphonie de l'Esprit, Implants et forces sombres.

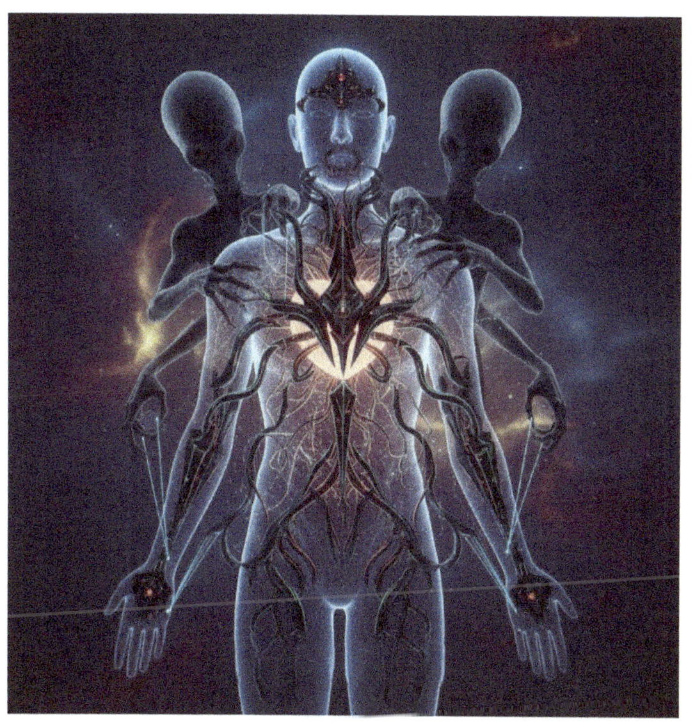

PARTIE VIII : Pourquoi Et Comment Recevons-Nous Des Implants ?

« Rien n'est là pour nous détruire ; tout est là pour nous réveiller. »

Didier Thizy,

Les implants ne sont pas le fruit du hasard. Ils sont le résultat de contextes précis, de failles énergétiques, de choix conscients ou inconscients, parfois anciens, parfois récents. Explorer leur origine et leurs modes d'implantation, c'est reprendre une part de lucidité sur notre parcours et sur les mécanismes qui ont permis ces intrusions.

Chapitre Trente Neuf : Comment Avons-Nous Reçu Des Implants ?

Nous pouvons recevoir des implants de multiples façons, à travers différentes époques, lieux, incarnations et états de conscience.

Contrairement à ce que l'on pourrait croire, l'implantation n'est pas toujours le résultat d'une capture ou d'un acte hostile direct ; elle peut aussi se faire par consentement inconscient, par adhésion à certaines structures spirituelles ou systèmes de croyances.

Les organisations spirituelles négatives

Une grande partie des implants se met en place lorsque l'on s'associe, dans cette vie ou dans d'autres, à des organisations spirituelles dont la vibration réelle est dissonante, même si leur façade est apparemment lumineuse.

Cela comprend, des religions ou courants religieux utilisant la peur, la culpabilité ou la punition comme instruments de contrôle ; des sociétés initiatiques ou fraternités ayant recours à des pactes, vœux, serments, allégeances ; des écoles de magie noire ou de pouvoir personnel dissocié de la Source.

Ces systèmes reposent sur des vœux d'obéissance, de sacrifice, de pauvreté, de renoncement ou d'autres formes d'engagement vibratoire. Ces vœux restent actifs tant qu'ils n'ont pas été explicitement dissous, et ils maintiennent une perméabilité aux influences externes.

Il est important de distinguer la Foi en Dieu, en la Source Divine de Lumière, qui n'implante jamais ; de la religion institutionnalisée, qui porte encore l'empreinte énergétique de siècles de contrôle mental et émotionnel.

Même après une désimplantation, les énergies religieuses résiduelles doivent souvent être transmutées, car elles façonnent des couches profondes de la psyché et du champ énergétique.

Localisation de l'implantation

Les implants sont majoritairement placés dans les corps subtils, le corps émotionnel, le corps mental, les champs vibratoires autour du corps, les chakras, ainsi que dans les couches mémorielles liées aux vies antérieures.

Certains, plus rares, sont ancrés dans le corps physique, notamment dans la glande pinéale, les méridiens, les plexus, la base du crâne, ou encore certaines zones neuro-électriques.

Leur objectif reste le même, limiter l'accès aux fréquences supérieures, brouiller la perception intuitive, restreindre la pleine expression de l'âme.

La dualité : la grande porte d'entrée

Lorsque nos vibrations chutent dans la dualité, lorsque nous croyons à l'illusion de la séparation d'avec Dieu, la Source Divine de Lumière, nous devenons vulnérables. La dualité ouvre littéralement des brèches ; elle crée une dissonance dans laquelle les implants peuvent s'accrocher et se maintenir.

Tant que l'humanité croit qu'elle est isolée, qu'elle doit se battre, qu'elle doit souffrir ou se sacrifier, ou qu'elle doit mériter l'amour divin, elle demeure exposée aux mécanismes de limitation.

L'intention des forces sombres

Ceux qui nous ont implantés ont pour objectif de maintenir l'illusion que nous sommes coupés de notre Créateur. Car le jour où un être humain réalise profondément qu'il est Un avec la Source, non seulement il se libère, mais il devient un point d'ancrage de lumière qui affaiblit leurs réseaux. C'est cette souveraineté retrouvée qui représente une menace pour eux, non la lutte, non la confrontation, mais l'éveil.

Chapitre Quarante : Comment Puis-Je Savoir Si J'Ai Des Implants ?

Au fil de nos incarnations, nous avons tous participé volontairement ou non à de nombreux conflits de dualité, sur divers plans et différents mondes. A chaque interaction, à chaque capture, à chaque alliance involutive ou à chaque chute vibratoire, nous avons pu recevoir un type d'implant ou un autre.

Ainsi, la véritable question n'est pas : *« Ai-je des implants ? »*, mais plutôt : *« Lesquels portent encore une influence sur moi, de quel type est-il et comment puis-je les libérer ? »*

Si vous êtes incarné actuellement sur Terre et que vous n'avez jamais réalisé un processus complet d'élimination des implants, alors oui, vous en avez.

Même après un premier nettoyage, il est fréquent que certains dispositifs restent actifs, ou qu'une partie d'entre eux se réactive à cause de vœux anciens non révoqués, de mémoires karmiques encore ouvertes, d'accords inconscients, ou de corps subtils insuffisamment stabilisés.

Ce n'est ni une fatalité, ni une faute, mais simplement l'héritage de l'histoire de l'âme dans un Univers où la dualité a joué un rôle majeur. L'important n'est pas de s'en inquiéter, mais d'avancer avec lucidité.

Pour résumer

Nous avons vu pourquoi et comment nous sommes tous implantés à différents degrés, et pourquoi cela fait partie du cheminement de l'âme dans la dualité. Il n'y a aucune raison d'en être surpris, bouleversé ou en colère car comprendre ces mécanismes, c'est déjà en sortir partiellement.

Maintenant que vous savez, une étape essentielle s'ouvre, celle qui permet de transformer cette compréhension en libération réelle.

Dans la prochaine partie, nous explorerons les effets concrets de l'élimination des implants, les raisons profondes de cette démarche, les méthodes de libération, et les transformations intérieures auxquelles on peut réellement s'attendre.

Identifier les mécanismes d'implantation permet de comprendre comment et pourquoi ces dispositifs ont pu s'installer. Cependant, la connaissance, aussi précieuse soit-elle, n'est qu'une première étape. C'est alors le moment de l'action consciente.

PARTIE IX : Éliminer Les Implants Énergétiques

« Sachez que vous êtes immortel, que votre âme est éternelle parce que vous êtes une fractale de la Source. »

Elena Danaan,

Une fois la nature et l'origine des implants identifiée, il se pose la question essentielle de leur élimination. Cette démarche n'est ni anodine ni automatique ; elle engage la responsabilité, l'intention et la maturité spirituelle de celui ou celle qui l'entreprend. Éliminer un implant, c'est déjà faire un pas vers la reprise de sa souveraineté énergétique et divine.

Éliminer les implants énergétiques est une étape essentielle sur le chemin de la libération intérieure. Plusieurs raisons majeures justifient ce processus :

- Sortir du karma : Pour que l'âme accomplisse son ascension et retourne à sa Présence JE SUIS, tout le karma doit être équilibré et tous les implants dissous. Ils font partie des obstacles artificiels qui maintiennent l'être dans la roue karmique.

- Retrouver ses capacités : Les implants agissent comme des filtres et des limitations. Les retirer permet de retrouver ses facultés spirituelles naturelles et de se reconnecter au plan Divin sans interférence de l'ombre.

- Accéder à des messages clairs : Tant que des implants sont présents, les informations reçues peuvent être brouillées ou distordues par des programmes de lumière inversée. Leur élimination apporte clarté, discernement et précision.

- Empêcher les prélèvements énergétiques : Certains implants servent de « points d'accès » permettant à des êtres, ou à des entités involutives, de puiser dans notre énergie sans notre accord véritable. Les retirer coupe ces connexions non souhaitées.

- Reprendre son pouvoir intérieur : Les implants influencent les pensées, les émotions et les choix, afin de maintenir l'individu dans des basses fréquences (peur, stress, colère, agacement…). Leur dissolution redonne accès à la souveraineté intérieure.

- Exercer un libre arbitre authentique : Tant qu'il est manipulé ou faussé par une influence extérieure, le libre arbitre reste partiel. Se libérer des implants permet de vivre des choix véritablement alignés avec l'âme.

- Retrouver sa liberté d'être : Au-delà des aspects spirituels, éliminer les implants permet simplement de penser, ressentir et vivre selon sa propre essence, en pleine conscience.

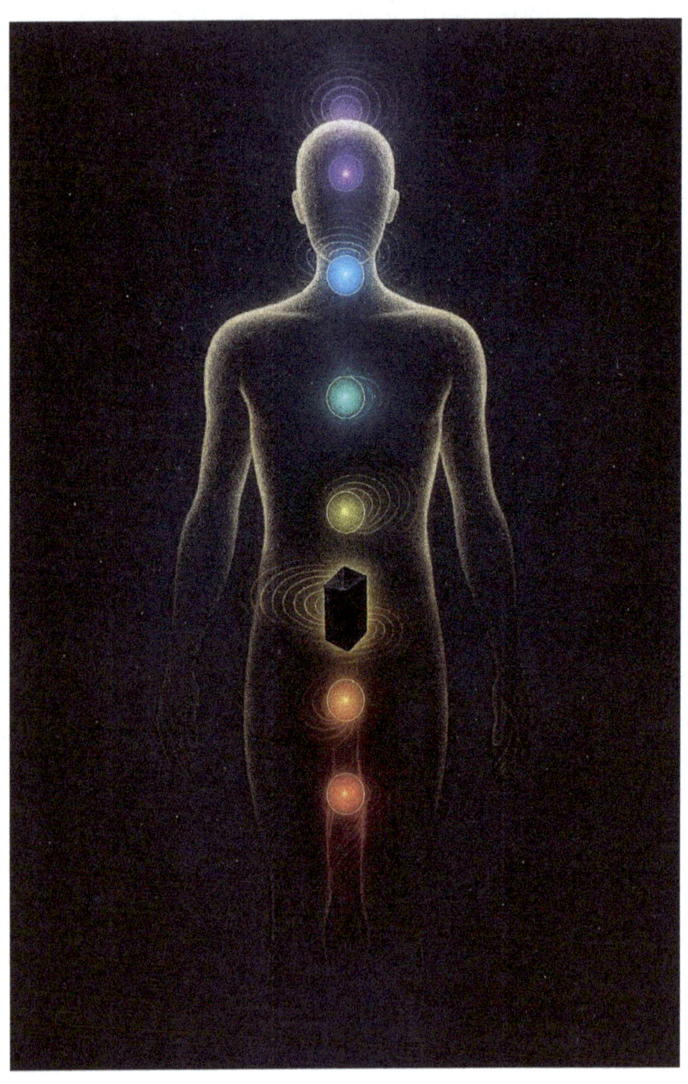

Chapitre Quarante et Un : Comment Procéder ?

Pour qu'une désimplantation soit réellement efficace, il est nécessaire d'impliquer à la fois le conscient et l'inconscient.

En vous rendant à une séance qu'elle soit « sur site » ou « à distance », votre conscient a déjà posé un acte fort, celui d'accepter le processus. Cette décision représente déjà une bonne partie du chemin, car aucun thérapeute ne peut agir si la personne n'est pas intérieurement disponible et prête.

Pour contacter l'inconscient, l'hypnose est l'un des outils les plus fiables. Elle n'est pas le seul moyen, nous le verrons plus loin, mais elle demeure une voie directe et authentique. L'hypnose ne force rien ; elle accède à votre inconscient uniquement avec votre accord, afin de solliciter sa permission pour retirer tous les implants présents.

Contrairement à certaines idées reçues, sous hypnose vous restez pleinement impliqué, et vous vous souvenez en principe de l'intégralité de la séance. Elle permet simplement d'ouvrir une porte que le mental, à lui seul, ne peut franchir.

Chapitre Quarante Deux : Pourquoi Les Éliminer ?

Les implants ont joué un rôle déterminant dans la construction du karma que nous avons accumulé au fil des incarnations.

Une fois implanté(e), l'être est poussé à revenir sans cesse pour tenter d'équilibrer ce karma, tout en restant soumis aux influences des forces obscures. C'est un mécanisme subtil, mais redoutablement efficace, ayant pour but de maintenir une non-évolution quasi permanente sur cette planète.

Or, pour qu'une âme fasse son ascension et retourne à sa Présence JE SUIS, tout doit être remis à niveau ; le karma équilibré et tous les implants éliminés. Si cela n'est pas fait, l'âme repart dans une nouvelle incarnation, encore et encore, jusqu'à se présenter dans un état d'équilibre parfait.

C'est alors que l'on comprend l'ampleur de la manipulation ; sous l'influence des implants, cet équilibre n'est jamais véritablement atteint, enfermant l'être dans un cycle de réincarnations incessantes.

Aujourd'hui, la planète a choisi d'élever sa vibration vers une réalité de cinquième dimension. Dans ce mouvement, une Grâce a été accordée à ceux qui souhaitent participer à cette ascension et qui est étendue à toute l'humanité. Cette Grâce permet entre autres, l'effacement du karma et l'élimination des implants.

Nous entrons ainsi dans une ère où ces dispositifs peuvent enfin être détectés, neutralisés et retirés. Toutefois, les forces de l'ombre ne renoncent pas facilement à ce qu'elles considèrent comme leur « nourriture énergétique ». D'où la nécessité d'agir avec prudence, dans la protection, l'amour et la bienveillance, lors de tout processus de désimplantation.

Profitons donc de cette période unique, pour nous libérer, en pleine conscience, de tous ces corps étrangers installés en nous sans notre consentement authentique.

Chapitre Quarante Trois : Comment Les Éliminer ?

Travailler sur soi, encore et toujours, est la clé pour se libérer de ces corps étrangers non désirés. À chaque fois qu'un être humain s'éveille, élève son taux vibratoire et retire ses implants, il reprend son plein pouvoir. Sa conscience s'étend, ses capacités se réveillent, et il se met naturellement à aider son prochain, qu'il soit humain, animal ou même végétal, car ses facultés se déploient de manière exponentielle une fois libérées.

Faites-vous désimplanter et ne vous laissez plus duper par ces êtres capables d'user de tous les stratagèmes ; comme le changement d'apparence pour ressembler à un être aimé, faux cadeaux, mensonges, supplications ou demande d'aide soi-disant vitale pour « sauver leur espèce ». Leur véritable objectif est toujours le même, se nourrir de votre énergie pour survivre.

Pour retirer les implants liés à de fausses croyances, il est essentiel d'en identifier les racines ; à savoir, la croyance cellulaire inconsciente à laquelle l'implant est relié.

Cette croyance agit comme un aimant. Lorsque les cellules libèrent la croyance, l'implant n'a plus de point d'ancrage et lâche. Il faut donc conscientiser cette croyance, puis parler à ses cellules avec clarté, en conscience, et avec fermeté et leur expliquer que nous refusons désormais cette programmation, que nous ne la validons plus.

Une fois désimplanté(e), c'est terminé ; ils ne peuvent plus pomper votre énergie et s'ils tentent malgré tout de revenir, vous les reconnaîtrez immédiatement et serez capable de les repousser. Souvenez-vous que, selon la loi du libre arbitre, aucun être ne peut entrer dans votre sphère énergétique sans votre accord.

Ainsi, pour qu'ils puissent placer des implants en vous, il leur a fallu obtenir votre consentement, souvent à votre insu, par ruse ou manipulation. Mais la même loi vous permet aujourd'hui de décider souverainement qui peut entrer dans votre espace intérieur. Vous pouvez donc retirer ces dispositifs, les extraire, et interdire formellement tout retour.

Éliminer ses implants, c'est retirer les énergies qui bloquent nos progrès spirituels. En plus des implants, nous avons parfois conclu des pactes, des accords ou des vœux qui continuent d'influencer négativement notre vie présente et notre évolution. Rompre ces liens et supprimer ces dispositifs représente un véritable renouveau de conscience.

Vous pouvez éliminer tous les implants et dispositifs limitatifs, connus ou inconnus, toutes les armes spirituelles, les parasites émotionnels et mentaux, les entités attachées, les formes-pensées (y compris malédictions et sorts), ainsi que tous les vœux, pactes, accords ou contrats qui y sont associés.

De nombreux thérapeutes et êtres éclairés se sont spécialisés dans ces processus. Leur engagement contribue à la libération collective en agissant comme une véritable « force au sol », œuvrant pour la réintégration de l'humanité dans sa dimension Divine.

En devenant conscient de qui vous êtes vraiment, vous devenez l'artisan de votre propre libération. Personne ne viendra vous délivrer à votre place ; ne remettez plus votre pouvoir à quiconque, reprenez-le, et libérez-vous.

Chapitre Quarante Quatre : Quels Résultats Puis-Je Obtenir ?

Après une désimplantation, la plupart des personnes ressentent un changement immédiat, comme une sensation de légèreté, de liberté retrouvée, de clarté intérieure. Des situations auparavant figées, pesantes ou répétitives se transforment progressivement et laissent place à des dynamiques plus positives et plus harmonieuses.

En d'autres termes, lorsque l'influence des forces sombres diminue, on avance plus vite, plus facilement et avec moins d'efforts. Éliminer ses implants représente ainsi un véritable saut quantique de conscience.

Les thérapeutes énergétiques constatent, après désimplantation, une amélioration nette de leur capacité à canaliser et à transmettre l'énergie. Leur potentiel énergétique se déploie avec plus de fluidité, de précision et de puissance.

Quant à celles et ceux qui méditent, ils témoignent souvent d'un accès plus naturel à des états de transcendance profonds ; la connexion devient plus stable, la paix intérieure plus facilement atteignable, et les messages intuitifs plus limpides.

D'une manière générale, on se sent plus léger, plus libre, plus serein, et donc plus aligné dans son corps, dans sa vie, et dans sa mission.

Chapitre Quarante Cinq : Attention

Les implants, qu'ils soient éthériques, énergétiques, karmiques, noirs,…ou quel que soit le nom qu'on leur attribue, fonctionnent en réalité comme des entités ou micro-technologies conscientes. Ils interagissent avec nos corps subtils, influencent nos pensées et s'agrippent à nos failles vibratoires.

Beaucoup de personnes pensent, à tort, qu'une fois les entités retirées lors d'un soin énergétique ou d'un protocole spécifique, elles ne pourront plus être dérangées, ni « squattées » par d'autres ; c'est une erreur fréquente.

Un soin libère effectivement les entités présentes sur l'instant, mais aucun thérapeute, aucune technique, ne peut empêcher l'existence même des forces négatives dans l'environnement énergétique de la Terre. La seule véritable protection vient de votre travail personnel, de votre évolution intérieure, et de votre vigilance quotidienne.

Si vous ne veillez pas au bon niveau de votre taux vibratoire, si vous laissez vos pensées s'alourdir, si vous entretenez la colère, la jalousie, le jugement, la peur, ou si vous ne recadrez pas immédiatement vos pensées intrusives (qu'elles viennent de vous ou non), vous ouvrez une brèche vibratoire, une véritable porte, dans laquelle les énergies discordantes peuvent s'infiltrer.

Pour les implants, c'est la même logique, le soin retire ceux qui sont prêts à être extrait, mais seule votre conscience, votre hygiène énergétique, et votre discipline intérieure empêcheront de nouveaux dispositifs de se greffer.

C'est en devenant conscient de qui vous êtes et en veillant à effectuer des nettoyages réguliers que vous devenez l'artisan de votre propre libération. Rappelez-vous, personne ne viendra vous libérer à votre place.

Ne remettez plus votre pouvoir et votre énergie à quiconque. Vous avez la force d'accomplir ce travail, dès lors que l'on vous aide à retirer les entraves initiales. Soyez l'acteur de votre libération en pleine conscience et récupérez votre plein pouvoir et votre liberté énergétique.

L'élévation fréquentielle, ce rayonnement d'amour, de bienveillance et de lumière, est l'outil le plus puissant pour dissoudre, repousser et neutraliser toutes les technologies de l'ombre. Votre vibration devient votre armure ; plus elle s'élève, plus les tentatives d'implantation échouent.

PARTIE X : Les Techniques De Désimplantation

« Un gramme de pratique vécue vaut mieux qu'une tonne de théorie. »

Ervin László,

Il existe aujourd'hui différentes techniques de désimplantation, certaines accessibles à tous, d'autres nécessitant un accompagnement ou une pratique avancée. Ces méthodes ne sont pas proposées comme des recettes toutes faites, mais comme des voies possibles vers une libération consciente et progressive. À chacun de ressentir ce qui lui correspond, dans le respect de son rythme et de son libre arbitre.

L'élimination des implants et des dispositifs énergétiques ouvre la voie à un nouveau niveau de clarté intérieure, de liberté et de compréhension de votre chemin de vie. Parfois en une seule séance, elle peut libérer plusieurs couches karmiques qui maintenaient votre évolution en suspens. C'est une véritable réinitialisation énergétique, progressive mais profonde.

Pour qu'une désimplantation soit réellement efficace, il est essentiel de retirer simultanément, les implants eux-mêmes, les vœux, pactes, contrats et accords inconscients qui les maintiennent en place, les croyances cellulaires qui servent de points d'ancrage, ainsi que toutes les autorisations, conscientes ou non, données dans cette vie ou d'autres. Sans cette libération globale, les dispositifs continuent de se réamorcer ou de se réactiver.

La méthode que j'utilise personnellement n'est pas décrite ici, car elle repose sur la puissance divine et des protocoles spécifiques, nécessitant une formation précise, ainsi qu'un ancrage et une protection solide en prérequis.

Elle ne peut pas être transmise simplement par l'écrit, car elle requiert une préparation adaptée à chaque praticien.

Quelle que soit la méthode que vous choisirez, veillez à ce qu'elle soit réellement personnalisée, respectueuse de votre chemin et adaptée à votre propre structure énergétique. Une désimplantation efficace demande un regard extérieur qui soit neutre. Faire appel à un thérapeute expérimenté permet d'éviter que votre mental n'interfère avec le processus.

Toutes les techniques d'élimination d'implants sont énergétiques par essence. Dans les chapitres suivants, vous trouverez une présentation de plusieurs méthodes connues, certaines très simples, d'autres plus avancées. Elles ne sont pas toutes détaillées en profondeur, car certaines approches nécessitent une maîtrise particulière et comportent des risques pour les praticiens non formés.

L'essentiel à retenir est que la bonne technique reste celle qui respecte votre être, votre rythme, votre vibration… et votre libre arbitre.

Chapitre Quarante Six : La Préparation

Avant d'entreprendre toute démarche de désimplantation, qu'elle soit accompagnée ou réalisée seul, il est essentiel d'entrer dans un état vibratoire intérieur propice : calme, clarté, protection et intention.

La préparation n'est pas un simple préambule ; c'est elle qui ouvre l'espace, ajuste la vibration et crée le cadre énergétique juste. Sans cette ouverture, le travail intérieur devient imprécis, parfois instable, rarement complet, voire dangereux.

Purification du lieu

Avant toute séance, prenez le temps de purifier l'espace dans lequel vous allez travailler.

- Fumigation : faites brûler de la sauge, du Palo Santo ou, à défaut, un encens de bonne qualité.

- Pulvériser : de l'Agua de Florida au creux de vos mains et respirer profondément les effluves, en silence.

- Aération : Lorsque la fumigation est terminée, aérez quelques minutes afin que les charges résiduelles quittent réellement la pièce.

- Présence de la lumière : durant la pratique, allumez une bougie blanche. Elle symbolise la clarté, la pureté, la verticalité et agit comme un point d'ancrage lumineux.

Cette préparation simple suffit souvent à apaiser immédiatement l'ambiance vibratoire du lieu.

Centrage et ancrage

Le centrage est une étape incontournable. Il consiste à ramener son énergie dans l'instant présent et à sortir de la dispersion mentale.

Cela peut se faire par quelques respirations profondes, un ancrage à la Terre, une courte méditation, ou simplement un moment de silence intérieur. L'important n'est pas la technique choisie, mais l'état atteint ; comme le calme, la présence, et la cohérence. Une désimplantation réalisée dans un esprit agité est comparable à une chirurgie faite dans l'obscurité, tout devient plus difficile.

Voici un exemple à adapter suivant sa tradition :

« Je demande à mes Guides de Lumière de créer un pilier d'ancrage indéfectible partant de mon chakra racine jusqu'au centre morphogénétique de la terre, sur lequel il va s'enraciner. Je vous prie d'élargir ce pilier jusqu'à l'obtention d'un pilier d'ancrage idéal et adapté à mon être incarné. »

Connexion & Aide

La désimplantation implique une ouverture intérieure. Dans ce type de processus, il est important d'être soutenu par une vibration supérieure, quelle que soit votre culture spirituelle.

Vous pouvez donc, selon vos affinités, demander l'aide de vos Guides de Lumière, de vos Guides Stellaires, de votre Ange Gardien, de vos protecteurs, de vos ancêtres spirituels, de vos Maîtres Ascensionnés, de l'Univers, ou simplement de la Source Divine de Lumière. Peu importe qui vous sollicitez, ce qui compte, c'est l'intention sincère, ainsi que la qualité vibratoire du lien.

Demande de protection

Voici une formulation simple, accessible à tous, et suffisamment neutre pour s'inscrire dans toutes les traditions :

« Je demande la protection et l'assistance de mes Guides de Lumière, de mon Ange Gardien, afin de protéger mon être tout au long de la séance. Merci de m'accorder cette protection et cette aide divine. Je vous remercie pour cette protection et cette guidance. »

Vous pouvez adapter cette invocation à votre sensibilité. L'important, c'est que votre intention soit claire, ferme et vibrante.

En complément, ces deux prières ci-dessous de culture Chrétienne offrent une protection complémentaire et puissante.

A. Notre Père (Un classique)

« Notre Père qui est aux cieux,

Que ton nom soit sanctifié,

Que ton règne vienne,

Que ta volonté soit faite sur la terre comme au ciel.

Donne-nous aujourd'hui notre pain de ce jour.

Pardonne-nous nos offenses, comme nous pardonnons aussi à ceux qui nous ont offensés.

Et ne nous laisse pas entrer en tentation,

Mais délivre-nous du mal,

Amen. »

B. Protection contre les forces obscures (Prière de Saint Benoît)

« Que la Sainte Croix soit ma lumière,

Que le dragon ne soit pas mon guide.

Retire-toi Satan, ne me conseille pas tes vanités.

Les breuvages que tu offres, c'est le mal.

Bois toi-même tes poisons ».

Cette préparation est indispensable car la désimplantation n'est pas un geste anodin. C'est un acte intérieur qui nécessite de la présence, de la lucidité, de l'harmonie vibratoire, et une coopération entre votre âme et vos corps énergétiques.

Ce protocole de préparation ne remplace pas les méthodes de désimplantation ; il crée l'espace dans lequel elles pourront réellement agir. Sans ce socle, le travail serait bancal. Avec lui, il devient fluide, sûr et efficace.

Chapitre Quarante Sept : L'Intention

L'élimination des implants peut parfois être simple ; dans certains cas, la seule intention suffit. Si vous souhaitez entreprendre ce travail vous-même, accordez-vous un moment de calme, une à deux heures, durant lesquelles vous pourrez vous détendre sans être dérangé. Beaucoup conseillent de faire cela le soir, au moment du coucher. Ce moment peut effectivement être propice, mais ce n'est pas indispensable ; le bon moment est celui où vous êtes disponible intérieurement.

Une courte méditation en introduction vous aidera à relâcher les tensions et à vous disposer à un travail plus profond. Lorsque vous êtes confortablement installé, assis ou allongé, les yeux fermés, il suffit alors de formuler clairement votre intention d'éliminer vos implants. Le simple fait de désirer cette libération, accompagné de la certitude intérieure que le processus est déjà réalisé, peut suffire.

On retrouve ici la célèbre phrase attribuée à Jésus : *« Ce que vous demandez, croyez que vous l'avez déjà reçu. »* Elle rappelle la puissance créatrice de la conscience, du verbe et de la foi.

Selon votre parcours spirituel, cette démarche vous semble encore abstraite ; n'hésitez pas à demander l'aide de vos Guides de Lumière. Adressez-vous à eux avec simplicité, en leur exprimant votre intention sincère d'être libéré de vos implants. Sachez qu'ils se réjouissent toujours de pouvoir vous accompagner. Et n'est-ce pas, en fin de compte, leur bienveillance qui vous a guidé jusqu'à la lecture de ces lignes ?

Méthodes énergétiques

Il est important de comprendre que certains protocoles énergétiques, aussi puissants soient-ils dans d'autres domaines, ne sont pas conçus pour éliminer les implants.

Le Reiki Usui

Même pratiqué jusqu'au niveau de maîtrise, le Reiki Usui, tout comme le Reiki tibétain sont peu efficaces pour neutraliser les implants. Cette énergie, profondément holistique, reste remarquable pour soulager les maux physiques, pour rééquilibrer les corps subtils, apaiser l'esprit, atténuer les tensions, et favoriser l'harmonisation globale. Mais concernant l'extraction des implants énergétiques, son champ d'action n'est pas adapté.

L'énergie Shamballa

À l'inverse, la maîtrise de l'énergie Shamballa, de nature résolument multidimensionnelle, se révèle plus appropriée pour ce type de travail.

Elle agit sur des plans où ces dispositifs sont ancrés, ce qui en fait un outil particulièrement précieux dans une démarche de désimplantation.

Ces deux énergies, Reiki Usui et Shamballa, proviennent de la même source, mais ne s'expriment pas de la même manière ni dans les mêmes profondeurs vibratoires.

Chapitre Quarante Huit : La Déprogrammation

Parmi les différentes méthodes existantes, l'une des plus accessibles et élégantes, à mon sens, est celle proposée par le Dr Luc Bodin.

Elle peut être utilisée sur soi ou sur autrui, avec douceur et conscience, à condition d'être accompagné(e) intérieurement par la Lumière.

1. Demander la protection des guides de lumière et de la source divine de lumière, d'amour, de paix et de guérison.

2. Faire le test énergétique pour savoir si votre patient ou vous-même êtes porteur d'implant(s).

3. Si la réponse est positive, demandez à avoir entre vos mains le ou les implants présents dans l'organisme, corps physique et corps subtils de votre patient ou du vôtre.

4. Rapprochez les mains jusqu'à sentir quelque chose : pression, chaleur, picotements…

5. Demandez la déprogrammation, la transmutation divine de toutes ces informations et énergies nuisibles en éléments positifs. Répétez cette demande tant que vous sentez quelque chose entre les mains.

6. Demandez à vos guides, à vos anges et aux êtres de lumière de détruire tous les mécanismes présents à l'intérieur de ces implants.

7. Refaire le test énergétique afin de vous assurer que tous les implants ont bien été neutralisés. Sinon, recommencez. Il n'est pas indispensable de les éliminer hors du corps obligatoirement. Leur neutralisation – information, énergie et mécanisme - suffit. En revanche, il est souvent nécessaire de renouveler plusieurs fois cette opération.

8. Il est difficile de neutraliser les émetteurs-récepteurs mécaniques - matériels comme les implants utilisés sur les animaux par des techniques énergétiques. Tout au mieux est-il possible de les parasiter, voire d'éliminer des informations qu'ils contiennent. Mais c'est tout. Il convient plutôt dans ce cas de localiser l'implant sur le corps de la personne et de tenter de l'extraire avec des techniques de petite chirurgie…, voire par chirurgie spirituelle, comme la pratique des guérisseurs brésiliens.

La version vidéo du soin est disponible gratuitement :

Soin énergétique intemporel - L'élimination des implants - Luc Bodin : https://youtu.be/IXqbL-la_og

Chapitre Quarante Neuf : Écriture D'Un Texte

L'écriture est une porte, un sceau, un acte de souveraineté. Certaines traditions enseignent qu'un texte écrit à la main, formulé avec intention claire et posé sous son lit, agit comme un décret vibratoire permanent, empêchant toute tentative de réimplantation et dissolvant les accords inconscients avec les forces non-lumineuses.

Ce texte peut servir d'entretien après une désimplantation complète et consciente. Libre à chacun d'en éprouver la résonance intérieure, car rien n'est plus fort que la vérité perçue par le cœur. Ce court protocole est efficace pour l'annulation de tous les contrats passés, actuels et futurs avec les forces obscures.

Méthode

1. Copier le texte à la main, consciencieusement.

2. Le lire à voix haute une seule fois.

3. Le signer de son nom complet, puis le placer sous le matelas ou le lieu habituel de repos.

Texte proposé

« Au Nom de : JE SUIS CE QUE JE SUIS.

Au nom de la Présence Divine de l'Âme que je suis,

Au nom de tous les Êtres Ascensionnés de Lumière,

Au nom de tous les Êtres de Lumière Divine,

Au nom de l'Énergie Christique,

Je décrète et commande l'annulation totale de tous mes contrats passés, présents et futurs, ainsi que de tous les accords conclus par quelque partie de mon être avec les forces obscures. Tous ces contrats et accords, ainsi que leurs conséquences, sont maintenant complètement dissous, transmutés en lumière, et effacés de ma réalité dans toutes les dimensions.

Je suis libre, le karma de mon Être est désormais apuré.

Je suis un Être souverain, un Être de Lumière, libre à partir de maintenant et pour l'éternité.

Qu'il en soit ainsi, et cela est. »

Signature manuscrite complète

Ce décret n'est pas une protection passive, il est une affirmation d'autorité spirituelle, un ancrage profond de la souveraineté retrouvée.

Chapitre Cinquante : Protocole De Désimplantation

Chaque praticien énergétique possède sa propre voie, son langage, ses protocoles, ses alliés de Lumière. Il n'existe pas un seul protocole universel, mais plutôt une trame commune sur laquelle chacun tisse son art, trame qui peut varier selon les typologies d'implants.

Voici la structure générale d'un processus complet, telle que l'on peut la retrouver auprès de nombreux thérapeutes.

Ouverture et Protection

Invocation par exemple des Guides de Lumière, de l'Ange Gardien, des Maîtres Ascensionnés, de la Source Divine de Lumière, de l'Univers…Tout dépend de la culture spirituelle de chacun. Cette étape élève le champ vibratoire et sécurise la séance.

Recherche des implants

Avec un pendule, une baguette, les mains, le clair-ressenti, la clairvoyance ou encore la perception intuitive. On identifie la présence, l'emplacement et la nature des implants.

Identification précise

Utilisation de biomètres ou grilles de lecture énergétique pour déterminer le type, la localisation, la fonction et son origine.

Désimplantation

Phase centrale : prière, décret, protocole spécifique, extraction symbolique et transmutation par la Lumière. La méthode dépend toujours de l'implant et du praticien.

Exemple de protocole

« Par l'autorité de ma Présence Divine, J'invite la Source Divine, et les Guides de lumière qui servent la Paix, la Guérison et l'Unité. Je vous demande d'identifier, d'extraire et de dissoudre l'implant (nom / type), présent dans le corps physique, le mental, l'émotionnel et tous les corps subtils de (nom / moi-même).

Que cet implant soit désactivé à sa racine, que ses programmes soient annulés dans toutes les lignes temporelles, et que ses résidus soient transmutés en Lumière d'Amour.

Je décrète la libération totale des cellules, de l'ADN quantique, de la mémoire émotionnelle et des organes concernés. Que chaque structure de l'être soit maintenant baignée, réparée, et réinformée par la Lumière Originelle.

Je remercie mes Guides, la Lumière Divine pour cette œuvre de libération sacrée.

Qu'il en soit ainsi, et cela est. »

Option à ajouter si un implant duplicateur est détecté

« S'il existe un implant duplicateur, qu'il soit révélé, extrait et neutralisé en premier, empêchant toute reproduction future. Qu'il soit dissous jusqu'à sa dernière mémoire, et que la matrice du corps soit restaurée dans sa fréquence naturelle.

Qu'il en soit ainsi, et cela est. »

Contrôle vibratoire

Vérification de l'absence d'implantation et ou de réactivations. Si besoin, appliquer de nouveau le protocole.

Clôture & Gratitude

Remerciements des alliés de Lumière et autres forces protectrices qui ont participé au protocole. Ancrage et harmonisation du consultant.

Ce fil conducteur représente la base du soin, autour duquel se déploie la sensibilité du thérapeute et l'intelligence de l'Âme.

Chapitre Cinquante et Un : Extraction Avec le Pendule Hébraïque

Le pendule hébraïque également appelé « Metutelet » est un outil à la fois simple dans son usage et profondément structuré dans son action ; il associe la radiesthésie, la radionique et la médecine énergétique. Il agit sur les plans informationnels de l'être, là où prennent forme les perturbations des corps énergétiques, en utilisant la langue hébraïque, considérée comme une langue sacrée dont chaque lettre porte une fréquence spécifique. Avec l'émission de vibrations spécifiques, il permet non seulement d'identifier ce qui entrave l'équilibre énergétique, mais aussi de nettoyer, libérer et réinformer les champs concernés. C'est précisément cette capacité à agir sur l'information, plus que sur la forme, qui en fait un instrument particulièrement adapté au dégagement des implants énergétiques.

Le pendule est bipolaire :

- Face lisse : fonction de détection (radiesthésique). Elle capte et identifie les déséquilibres énergétiques.

- Face cannelée : fonction d'émission (radionique). Elle modifie, corrige et réinforme les champs énergétiques.

L'action du pendule se fait à l'aide d'étiquettes vibratoires comportant des mots ou verbes en hébreu. Ces combinaisons de lettres génèrent des ondes capables d'effacer l'information énergétique à l'origine d'un trouble, puis de la remplacer par une information harmonisante.

Préparation

Avant toute extraction, il est essentiel d'entrer dans un espace de calme, de présence et de clarté intérieure. La préparation conditionne la justesse et la sécurité du travail. Purifiez le lieu à l'aide de sauge, de Palo Santo ou de votre encens habituel, puis prenez quelques instants pour vous recentrer. Une bougie blanche peut accompagner la séance, symbole de lumière, de vérité et de conscience.

Il est également fondamental de poser un cadre vibratoire clair, respectueux du libre arbitre et aligné à l'âme.

Formulez ensuite cette demande :

« J'invite la Source Divine de Lumière ainsi que mes Guides de Lumière à m'accompagner. Que ce travail se fasse avec l'accord de l'âme, dans le respect du libre arbitre, sous une protection juste, alignée à la paix, à l'amour et à la vérité. »

Cette ouverture crée un espace sécurisé, dans lequel le pendule agit comme un relais vibratoire, et non comme un outil de pouvoir personnel.

Détection des implants

Le pendule hébraïque est d'abord utilisé en mode « diagnostic ». En parcourant les différents corps énergétiques et les sept chakras principaux ; il permet de révéler la présence de dispositifs actifs, leur nature et leur localisation. Certains implants agissent sur le plan émotionnel, d'autres sur le plan mental, ainsi que sur le plan karmique ou encore sur des strates plus profondes et multidimensionnelles. Il s'agit ici de constater ce qui est présent, simplement, sans jugement.

Cette étape permet également de vérifier si l'âme du consultant autorise la libération à ce moment précis, condition indispensable à toute extraction durable.

Extraction vibratoire

Une fois l'implant identifié, le pendule est placé en mode « émission », avec une étiquette vibratoire appropriée, telle que « purification, libération, dissolution ou transmutation ». Le mouvement du pendule agit alors sur l'information qui maintient l'implant en place. Ce n'est pas l'implant en tant que « forme » qui est retiré, mais la programmation qui le nourrit, le fixe et le rend actif dans les mémoires cellulaires et énergétiques.

L'intention accompagne le geste :

« J'appelle la Lumière Divine à dissoudre et transmuter cet implant, ainsi que toutes les croyances, mémoires et informations qui le maintiennent. Je libère les cellules, les corps subtils, et l'ADN quantique de (nom / moi-même) de toute programmation limitante liée à cet implant.

Qu'il en soit ainsi, et cela est. »

Si un implant duplicateur est présent, il est impératif de le traiter en premier. Tant qu'il reste actif, il alimente les autres dispositifs et empêche leur suppression complète.

Réinformation et stabilisation

Après la libération, il est essentiel de refermer et réharmoniser les corps énergétiques, car un espace libéré mais non réinformé reste une zone de fragilité. Il est également nécessaire d'harmoniser et rééquilibrer les chakras.

Le pendule hébraïque transmet alors une vibration de reconstruction et de stabilisation, à l'aide d'étiquettes telles que « harmonisation, protection, présence divine, amour ou alignement ».

Cette phase permet à l'âme de réintégrer pleinement l'espace libéré, et d'y inscrire une information cohérente avec la souveraineté, la conscience et l'unité.

Clôture

Pour clôturer la séance, il est important de remercier et d'ancrer le travail :

« Je remercie la Source Divine de Lumière, mes Guides et tous les Êtres bienveillants qui ont accompagné cette libération. Que la paix, la clarté et l'alignement demeurent dans tous les corps énergétiques de (nom / moi-même). »

Un ancrage doux termine la séance, permettant un retour stable dans le corps et l'instant présent.

Pour résumer

Le pendule hébraïque agit comme un outil de réajustement informationnel. Il révèle, transmute, puis réinforme, dans un cycle complet respectant l'âme et le libre arbitre. Il ne remplace pas le discernement, ni le travail intérieur, mais il accompagne avec justesse celles et ceux qui souhaitent se libérer de ce qui entrave leur souveraineté énergétique, pour avancer avec plus de clarté, de présence et de lumière.

Chapitre Cinquante Deux : Faut-Il Éliminer Les Implants Plusieurs Fois ?

Que l'on procède seul ou avec l'aide d'un thérapeute qualifié, éliminer ses implants représente toujours une libération majeure. La première désimplantation est souvent la plus marquante, car elle retire la plus grande partie des dispositifs accumulés au fil des incarnations, des expériences, et des cycles karmiques.

Cependant, cette étape n'est pas un point final. Comme nous l'avons vu auparavant, il existe de nombreuses façons de recevoir de nouveaux implants, par contact énergétique, par exposition psychique, via des failles émotionnelles, ou encore à travers certaines interactions involutives.

Nous évoluons dans un monde où différentes influences demeurent actives ; il est donc possible, voire probable, que certains implants subsistent, ou que de nouveaux apparaissent par la suite.

Certains se révèlent après une première désimplantation, car non détectables après une première analyse, et d'autres sont même conservés un temps, car ils correspondent à des leçons d'âme encore en cours d'intégration. Ils ne se retirent qu'au moment juste, lorsque la conscience a suffisamment mûri pour s'affranchir du programme qu'ils contiennent.

Pour cette raison, la désimplantation doit être envisagée comme un processus régulier, et non comme une intervention unique. La première séance ouvre la voie ; les suivantes consolident la libération.

Après une première élimination assistée, il est possible de travailler seul(e), même si je ne le recommande qu'après avoir acquis suffisamment de maîtrise énergétique et de discernement. L'autonomie est un objectif noble, mais elle demande de la maturité, de la vigilance et de la constance. Il est toujours plus difficile de travailler sur soi car le mental a une grande influence.

Je vous suggère donc de répéter le processus à chaque fois que vous ressentez un retour du parasitage, lorsque des schémas limitants réapparaissent, ou simplement à titre d'entretien, comme on prend soin de son corps par l'hygiène physique. Une désimplantation ponctuelle peut suffire à lever un blocage immédiat ; un entretien régulier permet, lui, de vivre libre et durablement.

Pour résumer

Les implants peuvent être retirés avec différentes méthodes, certaines douces et accessibles, d'autres plus profondes, souvent réalisées par un thérapeute énergétique expérimenté. Aucune n'est à juger, aucune n'est à exclure ; l'essentiel est d'avancer avec ouverture, foi, et conscience.

C'est par la répétition, l'observation intérieure et l'élévation de notre vibration que nous maintenons notre souveraineté.

Ainsi, nous terminons ici cette exploration des implants énergétiques, un sujet délicat, parfois méconnu, mais dont la compréhension éclaire d'un nouveau regard notre liberté intérieure.

Les techniques présentées ici constituent des outils au service de la conscience. Leur efficacité ne repose pas uniquement sur le geste ou le protocole, mais sur l'intention, la justesse intérieure et l'alignement de celui ou celle qui les met en œuvre.

Aucune méthode ne remplace le chemin personnel, elle ne fait que l'accompagner.

PARTIE XI : Conclusion

« Nous n'avons qu'une liberté : la liberté de nous battre pour conquérir la liberté... »

Henri Jeanson,

Arrivé à ce stade, une compréhension plus large se dessine. Les implants ne sont plus seulement perçus comme des entraves, mais comme des révélateurs de ce qui demande à être vu, libéré et réintégré. Cette conclusion invite à prendre du recul, à rassembler les sujets abordés tout au long de l'ouvrage, et à replacer la désimplantation dans une vision plus globale de l'évolution de la conscience.

Je ne m'oppose pas aux informations communément admises concernant les implants ; je propose simplement une lecture moins manichéenne, plus consciente et plus pragmatique. Nous ne sommes pas des victimes passives. Rien n'arrive par hasard, si un implant est présent dans nos corps subtils, c'est qu'une brèche énergétique, émotionnelle, mentale ou karmique qui en a permis l'accès.

De ce point de vue, les implants ne sont pas seulement des instruments de contrôle, ils sont aussi des révélateurs. Ils pointent nos fragilités, nos ombres, nos cristallisations. Ils fonctionnent comme des miroirs nous invitant à regarder ce qui demande à être guéri, compris, et transmuté. Lorsque nous les dégageons, nous ne faisons pas que retirer un dispositif, nous restaurons l'harmonie altérée qui nous a amené à recevoir un implant.

Cesser de les percevoir comme des ennemis mystérieux ouvre une perspective plus élevée. Nous pouvons en effet les considérer comme des expériences ; difficiles certes, mais porteuses d'évolution.

Ce sont des occasions de nettoyer nos mémoires, d'élargir notre conscience, et de revenir à ce que nous sommes déjà en essence, des êtres souverains, lumineux, et créateurs.

Ce chemin révèle aussi une vérité dérangeante ; l'humanité entière est, à divers degrés, sous influence. Non seulement par ses semblables, mais aussi par des forces extérieures obscures que la majorité ignore encore. Leur intention est claire, restreindre notre liberté, réduire notre lumière, et nous détourner de notre libre arbitre. Mais dès que nous en prenons conscience, nous pouvons cesser de subir, et recommencer à choisir en notre âme et conscience.

Je souhaite pourtant conclure sur une note d'espoir. La plupart de nos contemporains ne connaissent pas encore cette réalité énergétique, leur ignorance les préserve parfois. En effet, l'ombre frappe les plus faibles, certes, mais aussi les éveillés ; ceux qui se rappellent leur puissance et menacent l'ancien ordre établi. Malgré cela, la Terre élève aujourd'hui sa vibration, inexorablement, entraînant avec elle des millions de consciences en éveil.

Lorsque la lumière grandit, elle ne lutte pas, elle dissipe, elle révèle, elle libère.

Plus nous cultivons l'amour, la présence, la compassion envers nous-mêmes et envers le monde ; plus les implants perdent leur emprise, plus notre esprit se redresse, plus notre cœur rayonne.

C'est ainsi que l'humanité se relève ; non dans la peur, mais dans la clarté ; non dans la résistance, mais dans l'expansion.

Nous avançons vers un temps où chacun pourra sentir, voir, comprendre et choisir en toute conscience. Un temps où nous ne survivrons plus dans l'ombre, mais où nous vivrons en lumière, ensemble, ici, maintenant.

Chapitre Cinquante Trois : Prière de Clôture Vibratoire

« Au nom de la Présence que Je Suis, au nom de la Lumière qui respire dans mon cœur, au nom de la Source Père ; Mère, éternelle, et infinie.

Je reconnais mon origine divine, et je me souviens de qui je suis, au-delà des voiles de l'oubli.

Que toute attache illusoire tombe, que tout voile se déchire, que tout implant, toute peur, toute blessure retourne à la lumière dont elle vient.

J'accueille la paix, la clarté, la souveraineté.

Je suis libre, je suis lumière, je suis l'enfant de l'infini.

Que ma conscience rayonne, que ma vibration élève le monde, que chaque pas me rapproche de l'Amour pur.

Qu'il en soit ainsi, et cela est. »

Sceau de Libération

À ajouter seul sur une page, centré, comme une signature énergétique :

« Je romps ici et maintenant tout accord, toute influence, tout lien inconscient qui ne sert plus mon évolution.

Je me redresse, je me souviens, et je reprends ma souveraineté.

Que ma lumière intérieure devienne mon armure, mon guide et ma demeure. »

Nous étions prisonniers, nous devenons créateurs, et la suite nous appartient...

Cette conclusion n'est pas une fin, mais un point d'intégration. Ce qui a été exposé dans ces pages n'a pas vocation à devenir un dogme, mais une base de réflexion, d'expérimentation, et de discernement personnel. Chacun avancera à son rythme, selon sa sensibilité, son vécu et son degré de conscience.

PARTIE XII : Annexe

« L'univers est comme un organisme avec une conscience. »

Adrian D. Nelson,

Les annexes qui suivent sont proposées comme des outils pratiques et complémentaires. Elles ne remplacent ni l'intuition, ni l'écoute intérieure ; mais offrent un support pour affiner la perception, structurer la recherche, et accompagner le travail énergétique de manière plus méthodique. Elles peuvent être utilisées librement, en respectant toujours votre ressenti et votre souveraineté.

Pour accompagner le travail intérieur et renforcer votre autonomie, vous trouverez ci-dessous un biomètre permettant, à l'aide d'un pendule, d'identifier les différentes catégories d'implants, leur provenance et leur localisation, que ce soit pour vous-même ou pour une autre personne.

Ce biomètre est un outil de recherche, un support de dialogue entre votre intuition et votre guidance intérieure. Il n'a pas vocation à remplacer le discernement, mais de l'éclairer. Il ne détient aucun pouvoir en lui-même ; vous restez l'unique autorité de votre champ énergétique, libre d'interrompre, de questionner ou de refuser toute information qui ne résonne pas avec votre souveraineté intérieure.

Questions de base à soumettre au pendule

Procédez calmement, centré(e), en étant parfaitement aligné(e) à votre intention de vérité et de clarté.

I. Vérification initiale

- *« Ais-je l'autorisation pour réaliser cette recherche ? » Oui / Non / Autre…*

- *« Y a-t-il un ou plusieurs implants sur cette personne ? »* Oui / Non / Autre…

II. Nature de l'implant

- *« S'agit-il d'un implant physique ? »* Oui / Non / Autre…

- *« S'agit-il d'un implant énergétique ? »* Oui / Non / Autre…

- *« S'agit-il d'un implant éthérique ? »* Oui / Non / Autre…

III. Origine ou provenance

- *« Cet implant est-il d'origine terrestre ? »* Oui / Non / Autre…

- *« Est-il d'origine extraterrestre ? »* Oui / Non / Autre…

- *« Est-il d'origine intraterrestre, interdimensionnelle ou autre ? »* Oui / Non / Autre…

IV. Catégorie

- *« Cet implant appartient-il à une catégorie médicale ? »* Oui / Non / Autre…

- *« À une catégorie religieuse ? »* Oui / Non / Autre…

- *« À une catégorie technologique, karmique, psychique, géométrique… ? »* Oui / Non / Autre…

V. Localisation

- *« Où cet implant est-il situé ? » Organe / Muscle / Corps subtil / Chakra / ADN / Autre…*

Conseils d'utilisation

- Gardez l'esprit neutre, sans projeter de réponse.
- Restez centré(e), ancré(e), et demandez l'assistance de vos Guides de Lumière si vous le souhaitez.
- Si plusieurs réponses semblent se superposer, revenez à la première question pour la clarifier.
- N'interrogez jamais le pendule lorsque vous êtes fatigué(e) ou émotionnellement instable.
- Comme toujours, votre discernement reste votre meilleure protection.

© La Symphonie de l'Esprit, Biomètre de recherche d'Implants Énergétiques.

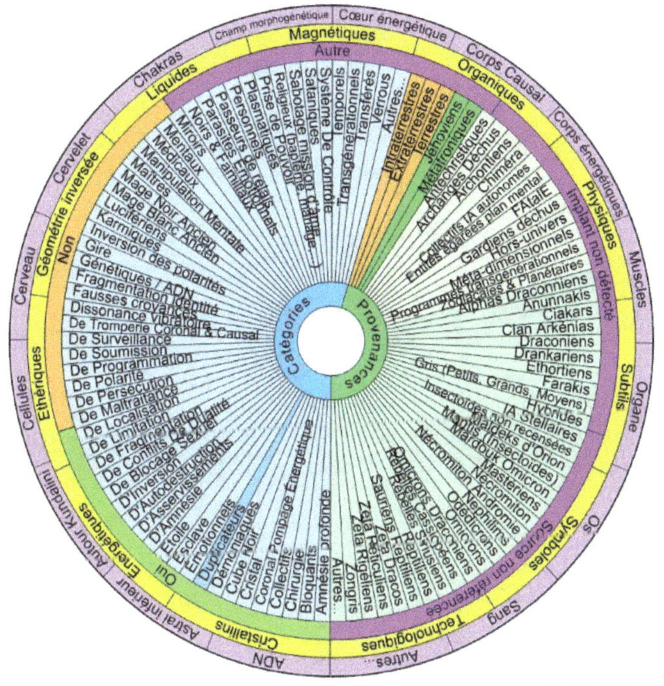

Ces éléments pratiques n'ont pas vocation à être exhaustifs. Ils constituent des repères, des points d'appui, destinés à accompagner celles et ceux qui souhaitent aller plus loin dans l'observation, la compréhension et le travail énergétique, en restant toujours maîtres de leur chemin.

Épilogue

Après avoir parcouru les mécanismes, les origines, les influences et les moyens de libération, il reste l'essentiel, le sens. L'épilogue qui suit n'apporte pas de nouvelles notions, mais une mise en perspective, un pas de recul nécessaire pour intégrer ce qui a été transmis et le relier à votre propre expérience.

Au fil de ces pages, vous avez découvert les différentes catégories d'implants, leur fonctionnement, leurs caractéristiques, leurs origines et les signes révélateurs de leur présence. Vous aurez compris qu'une grande partie de ces dispositifs sont d'ordre énergétique et qu'ils sont, pour beaucoup, le résultat d'interventions extérieures de forces involutives cherchant à limiter notre souveraineté, en se nourrissant des fluctuations de nos émotions.

Vous avez également perçu pourquoi il est essentiel de les éliminer, et comment procéder, même si le travail de désimplantation peut parfois s'avérer long, subtil et nécessiter plusieurs étapes successives. Chaque retrait d'implant représente cependant un pas important vers la liberté intérieure, la clarté et l'élévation de conscience.

J'espère sincèrement que vous aurez pris autant de plaisir à parcourir ces lignes que j'en ai eu à rassembler, structurer et enrichir ces connaissances, avec le souhait constant de les rendre accessibles au plus grand nombre.

Néanmoins, il est important de garder à l'esprit que les implants ne sont qu'une partie, certes essentielle, mais non exhaustive, des problématiques énergétiques que l'on peut rencontrer. De nombreuses autres problématiques peuvent freiner notre pleine connexion à notre puissance intérieure et au Divin.

Parmi celles-ci, vous trouverez :

- Les perturbations énergétiques de nos différents corps subtils.
- Les entités Terrestres, Intraterrestres ou Extraterrestres.
- Les entités du corps de l'Ombre.
- Les énergies démoniaques.
- Les effets de la magie noire.
- Les parasites éthériques et les miasmes à l'origine de nombreuses maladies.

- Les contrats d'âmes passés avec nous-mêmes, d'autres âmes, ou encore des forces obscures, tels que :
    - Les vœux (pauvreté, obéissance, renoncement…).
    - Les pactes (soumissions à certains groupes ou égrégores).
    - Les serments (fidélités anciennes ou obsolètes).
    - Les reniements (détournements de la parole donnée).
    - Et bien d'autres formes d'engagement.
- Les blocages et mémoires affectant les lignées familiales.
- Les mémoires anciennes, karmiques ou transgénérationnelles, qui demandent à être reconnues et libérées.

La liste pourrait s'étendre encore, car la complexité de l'être humain et de son histoire multidimensionnelle, dépasse largement ce que l'on peut résumer en quelques pages. Mais chaque éclaircissement, chaque compréhension et chaque libération vous rapproche un peu plus de votre véritable nature ; celle d'un être souverain, lumineux et immortel, dont l'âme éternelle est pleinement capable de reprendre en main sa destinée.

Ce chemin peut donner l'impression d'un combat, mais il est surtout un retour vers votre Soi Divin et votre libre arbitre, une marche vers davantage de clarté, de vérité, de paix et de lumière.

Si l'épilogue permet de rassembler ce qui a été exposé, la réflexion finale qui suit invite à un dernier questionnement intérieur. Elle ne cherche pas à conclure, mais à laisser une trace, comme une porte entrouverte vers ce qui commence après la lecture.

Dernière réflexion

Au terme de ce voyage, une vérité essentielle demeure ; nous ne sommes jamais réellement bloqués, seulement invités à nous souvenir.

Chaque implant, chaque entrave, chaque voile obscur posé sur notre conscience n'est pas une condamnation, mais une opportunité. Celle d'aller plus loin en nous-mêmes, de revisiter nos forces, de reconnaître nos fragilités et de grandir à travers elles. Rien, dans notre cheminement, n'est là pour nous détruire ; tout est là pour nous réveiller.

Lorsque nous choisissons de nous libérer, lorsque nous reprenons notre souveraineté vibratoire et spirituelle, nous mettons en mouvement un processus bien plus vaste que notre simple existence. Nous participons à l'élévation collective de l'humanité.

Chaque être qui se libère rend la lumière plus présente, l'ombre moins dense, et le chemin un peu plus accessible pour ceux qui suivront.

Nous ne sommes pas seuls, nous ne l'avons jamais été. La Source nous accompagne, nos Guides nous soutiennent, mais c'est notre volonté, notre intention, et notre amour qui ouvrent la porte.

Vous avancez désormais avec cette certitude profonde : *« la lumière que vous cherchez a toujours été en vous. Il ne reste plus qu'à la laisser rayonner. »*

Les ouvrages et autres sites internet cités ci-après ne prétendent pas détenir une vérité, mais ont nourri, éclairé ou accompagné la réflexion proposée dans ce livre.

Bibliographie

Bodin, L (23 septembre 2016). *Nettoyage et protection énergétique des personnes et des lieux.* Remèdes, techniques et protocoles. Paris : Guy Tredaniel

Aguillon, L (Octobre 2021). *Les implants éthériques et mentaux.* Récupéré à partir de

www.harmonido.fr

Bocquet, A (12 janvier 2021). *Les implants éthériques.* Récupéré à partir de

www.les-ailes-du-karma.com

Cormier, M (11 juin 2020). *Implants Jéhoviens.* Récupéré à partir de

https://www.facebook.com/photo?fbid=10158453386568582&set=a.10158148141338582

Cormier, M (8 septembre 2020). *Implants Métatroniques.* Récupéré à partir de

https://www.facebook.com/photo?fbid=10158718202098582&set=a.10153246642483582

Sanchez, D (16 mai 2018). *Les implants énergétiques.* Récupéré à partir de

www.energie-denis-sanchez.fr

Tocanier, C (2021). *Dégagement de personnes et de lieux en Radiesthésie Hébraïque et en Radionique.* Récupéré à partir de

https://lenergiedelame2021.wixsite.com/lenergiedelame

Unity center (Décembre 2019). *Implants. Désimplantation.* Récupéré à partir de

www.unitycenter.fr

Source Subtil.net (Décembre 2025) *Biomètres.* Récupéré à partir de

www.subtil.net

Remerciements

Je tiens à remercier les principaux contributeurs à la construction de cet ouvrage : Anne Bocquet, Christophe Tocanier, Denis Sanchez, Martin Cormier, ainsi que Unitycenter ; dont les travaux, recherches et partages ont nourri ma réflexion et accompagné mon cheminement.

J'adresse une gratitude toute particulière au Dr Luc Bodin, qui m'a fait l'immense honneur de rédiger la préface de cet ouvrage, et dont les travaux ont également contribué à enrichir ma compréhension des soins énergétiques.

Je remercie également Valérie Bodéi, qui m'a transmis des clés essentielles ; mes Maîtres Reiki, Isabelle Brun (Lama Norbou) et Odile Vial, qui ont contribué à élargir ma compréhension et à ouvrir mon regard vers autre chose ; ma formatrice Laurence Aguillon, qui m'a donné des outils concrets et structurants ; ainsi que mes inspirateurs Frédéric Westermeyer et Jocelyne Gilibert, dont les approches et les enseignements ont résonné de manière significative au début de mon parcours.

Enfin, un merci tout particulier à ma douce Cathy, pour son soutien et sa précieuse relecture.

Pour terminer, je pense à Éliane, récemment partie vers d'autres mondes. Même si elle n'a pas contribué directement à cet ouvrage, elle m'a toujours soutenu et encouragé dans mon cheminement, ainsi que dans mon écriture.

À toutes ces personnes, et à celles qui, de manière plus discrète, ont également accompagné ce chemin, j'exprime ici ma plus sincère reconnaissance.

Ces remerciements referment le chemin parcouru dans ces pages, avant de laisser place à quelques mots sur l'auteur et son parcours.

À propos de l'auteur

Issu d'un parcours technique en mécanique industrielle dans la métallurgie, l'auteur a longtemps évolué dans un univers rationnel et concret. Pourtant, dès l'adolescence, il manifeste une sensibilité particulière à l'invisible à travers la recherche de sources d'eau, expérience fondatrice qui ouvrira peu à peu sa conscience à d'autres plans de réalité.

Cette sensibilité énergétique sera mise en sommeil pendant de nombreuses années, au profit de la vie familiale et professionnelle, jusqu'à ce que certains événements de vie, aussi marquants que douloureux, le ramènent naturellement vers le chemin énergétique qui est le sien.

Aujourd'hui, il pratique la recherche d'eau, ainsi que les soins énergétiques, en présentiel comme à distance. Il s'appuie sur des connaissances de radiesthésie, de reiki, de géobiologie, de lithothérapie et d'autres techniques moins connues, qu'il aborde avec discernement, humilité et pragmatisme.

Résidant depuis toujours en région Auvergne-Rhône-Alpes, il affectionne particulièrement les hauts lieux énergétiques, qu'il visite régulièrement pour se ressourcer, affiner ses perceptions, et nourrir sa réflexion intérieure.

Son approche, à la croisée du vécu, de l'expérience, et de l'exploration spirituelle ; vise avant tout à redonner du sens, de la clarté et de l'autonomie à celles et ceux qui cheminent vers leur souveraineté intérieure...

www.ingramcontent.com/pod-product-compliance
Lightning Source LLC
LaVergne TN
LVHW010554110826
845149LV00003B/654